中华美德十堂课

谭绍堂　曾女兰◎编著

北京市朝阳区香河园少年之家

中国出版集团公司

现代教育出版社

图书在版编目（CIP）数据

中华美德十堂课 / 谭绍堂 , 曾女兰编著 . -- 北京：

现代教育出版社 , 2016.12

ISBN 978-7-5106-4835-9

Ⅰ . ①中… Ⅱ . ①谭… ②曾… Ⅲ . ①中华文化—通

俗读物 Ⅳ . ① K203-49

中国版本图书馆 CIP 数据核字 (2016) 第 297642 号

中华美德十堂课

谭绍堂　曾女兰　编著

责任编辑 : 王春霞　刘兰兰
封面设计 : 堂之堂
出版发行 : 现代教育出版社
地　　址 : 北京市朝阳区安华里 504 号 E 座
邮政编码 : 100011
电　　话 :（010）64251036
传　　真 :（010）64251256
印　　刷 : 北京紫瑞利印刷有限公司
开　　本 : 889mm × 1194mm　1/16
印　　张 : 7.5
字　　数 : 192 千字
版　　次 : 2016 年 12 月第 1 版
印　　次 : 2016 年 12 月第 1 次印刷

书　　号 : ISBN 978-7-5106-4835-9
定　　价 : 59.80 元

《中华美德十堂课》教材编写组

主　编：谭绍堂　曾女兰

副主编：王　芳　绳世辉

编　委：胡　锦　尤艺霖　杨海涛　佟丽杰

　　　　孙　雪　胡凯杰　俞　震　王欢妮

前　言

　　国无德不兴，人无德不立。每一个人，无论在从事什么行业，无论在哪里学习，都会在真实的生活中，展现出自身的德性与智慧，也会流露自身的修养与学识。每一个人，都应该具有中华传统美德，因为这是我们立人处事的基础，也是我们受人尊敬的根本保证。

　　弘扬中华优秀传统文化，将国学精粹与课堂学习融合在一起，这也是非常难得的教学尝试。生活在祖国的热土，我们每一个人，都在传承着中华传统文化，都在言谈举止间呈现着中华美德。培养和践行社会主义核心价值观，其实也是培养和弘扬中华美德的过程。

　　中华美德的学习，应该是每一个人首要的任务。青少年是祖国未来的希望，也是民族复兴的栋梁。中华美德教育进校园，让学生进行相关课程的系统学习，显得尤为重要。

　　基于此，由北京市朝阳区香河园少年之家组织，经北京堂之堂文化艺术发展中心指导，编写了这本教材——《中华美德十堂课》，也期望能为中华美德的教育抛砖引玉。

北京市朝阳区香河园少年之家

《中华美德十堂课》教材编写组

目 录

第一堂课◎爱国美德

　　爱国是中华民族的优秀传统，也是每一个中国人应该具有的良好道德情操。爱国体现着的强大民族精神和对国家民族的热爱。

　　爱国爱家，是每一个人，都应该坚持的中华美德。我们常说："没有国就没有家""家是最小的国，国是最大的家"。无论我们身在哪里，无论我们现在年龄多大，都要懂得热爱我们的祖国，就像是热爱我们自己的生命一样。

一、爱国美德的相关文字介绍

爱国是中华民族的优秀传统，也是每一个中国人应该具有的良好道德情操。爱国体现着的强大民族精神和对国家民族的热爱。

爱国爱家，是每一个人，都应该坚持的中华美德。我们常说："没有国就没有家""家是最小的国，国是最大的家"。无论我们身在哪里，无论我们现在年龄多大，都要懂得热爱我们的祖国，就像是热爱我们自己的生命一样。

同学们，爱国美德体现了人们对祖国的深厚感情，也反映着我们对故土家园浓郁的爱。中华民族在历史发展中，也留下了许许多多的爱国名言，留下了无数可歌可泣的爱国故事，有许多的伟人给我们树立了爱国的榜样。同学们，让我们真诚地热爱自己的祖国——中华人民共和国。

同学们，我们的祖国面积有960万平方公里，首都是北京，国旗是五星红旗，国歌是《义勇军进行曲》，我们的国徽中间是五星照耀下的天安门，周围是麦稻穗和齿轮。亲爱的同学们。我们的祖国是一个由56个民族组成的大家庭，每一个民族都是龙的传人，都无比热爱着我们的祖国。

中华人民共和国国旗

中华人民共和国国徽

二、爱国美德的名言警句解说

同学们，当我们了解我们祖国悠久灿烂的历史文化，就会为我们的祖国深深自豪，也会更加热爱自己的祖国。

在历史文化中，爱国是中华民族优秀的美德，也留下了无数的名言警句，让我们通过不断学习，来提高我们的道德情操，让我们越发坚定爱国的信念。

同学们，下面就让我们一起来回顾历史文化，学习一下爱国的名言警句吧——

名言一：先天下之忧而忧，后天下之乐而乐。

这是北宋著名文学家范仲淹，在他的作品《岳阳楼记》中的名句，意思是我们应该在天下人忧虑之前自己先忧虑，在天下人都安乐之后自己才安乐。说的是我们要把国家和民族的利益放在最重要的位置，要为国家和民族的前途担忧并承担使命，要为天底下所有人的幸福去努力奉献自己。

名言二：人生自古谁无死，留取丹心照汗青。

这是南宋著名爱国诗人文天祥，在他的诗歌《过零丁洋》中的诗句。诗句中的

"丹心"，指的就是赤诚火热的爱国心。诗句中的"汗青"，是指历史典籍，因为古代在纸张发明之前，是把文字写在竹片做的竹简上，在烘烤竹片时，竹片中的水，就会蒸发出来，像是我们人在流汗一样。

这句诗说的是：自古以来，人都难免一死，但一定要死得有意义。倘若为国家和民族而死，那就可以光照千秋、名垂青史。这也告诉我们，努力热爱自己的祖国，做一个爱国的人，就会被人们尊敬，就会被历史铭记。

名言三：天下兴亡，匹夫有责。

这是明朝末年、清朝初年的著名思想家顾炎武，在他的《日知录》中的名言警句。说的是，国家和民族的兴盛与衰败，是天下每一个人都应该肩负的责任。

同学们，这句名言也告诉我们一个道理，就是我们与祖国和民族血脉相连，我们一定要用爱国心，去热爱并建设好我们伟大的祖国。

三、爱国美德的历史名人故事

同学们，我们的祖国历史悠久，也涌现出了无数的爱国名人，留下了一段段爱国的故事。下面，就让我们进入爱国美德故事分享环节，去了解历史名人是如何热爱祖国的，并学习他们的爱国美德。

爱国故事一：屈原以死报效国家

同学们，我们都知道端午节吃粽子、赛龙舟的习俗，但大家知道端午节与哪一位爱国历史名人有关吗？端午节的习俗，与战国时期的伟大爱国诗人屈原有关。

屈原是战国时期的楚国人，而楚国是"战国七雄"之一，曾经非常强大。屈原是楚国的贵族，一生经历了楚威王、楚怀王、楚顷襄王三个时期，而主要生活在楚怀王这一历史时间。屈原生活的时代，也是各国即将被秦国统一的时期，因此在他的心里对国家的未来很忧心。屈原不仅仅对国家治理有经验，也是伟大的爱国诗人，他创作的《楚辞》是我国浪漫主义文学的源头，留下的《离骚》《九歌》《九章》《天问》等作品，一直到今天还被人传诵。

屈原早年深受楚怀王的信任，并辅佐楚怀王变法图强，使楚国一度出现了国富兵强、威震诸侯的局面。但后来他被楚国的腐朽贵族集团嫉妒和陷害，被楚怀王疏远并流放江南。在楚顷襄王二十一年，秦将白起攻破了楚国的都城，楚国灭亡了，当屈原知道这个消息后，内心悲愤不已，于是自己跳进湖南的汨罗江，以身殉国，将自己的生命报效给了自己无比热爱的祖国。

同学们，为了国家和民族的利益，献出自己宝贵的生命，这是多么崇高的品德和情操啊。伟大的爱国诗人屈原，将这种强大的爱国精神展现出来了，也让我们一直在端午节怀念他、崇敬他。

爱国故事二：精忠报国的抗金名将岳飞

岳飞是南宋时期著名的抗金名将，他率领的"岳家军"威震四面八方。

公元1140年，金兵又一次大举进攻南宋，岳飞奉命率领"岳家军"抗击金兵。金兵的首领完颜兀术投入骑兵一万五千人，并让头戴铁盔身穿铁甲的三千"铁塔兵"打前锋，以号称是"拐子马"的骑兵列队两边进攻。岳飞指挥儿子岳云等将领率军出战，上砍骑兵，下砍马腿，双方从下午一直战斗到天黑，最后宋军大获全胜，追击了金兵几十里。

抗金名将岳飞，廉洁正直，从不计较个人得失。他一生坚持抗金，保卫了南宋人民的生命财产，因此也受到了历代人民的尊敬。

岳飞精忠报国

爱国故事三：杨靖宇献身抗日

著名的抗日英雄杨靖宇，原名马尚德，河南省确山县人。他是无产阶级革命家，是东北抗日联军的主要创建者和领导人之一。他在 1932 年受党中央的委托，在东北组织东北抗日联军，曾担任总司令兼政委。杨靖宇将军，身先士卒，在东北的白山黑水、林海雪原里，英勇地指挥着爱国队伍打击日寇。

1940 年初，面对敌人的重兵围剿，杨靖宇将军率领部队顽强战斗，使敌人坐卧不安，惶惶不可终日。日寇对杨靖宇将军和他的抗日队伍，又怕又恨，于是调集了重兵围困。

面对蜂拥而至的敌人，有人劝说他投降，可他斩钉截铁地回答说："不，我有我的信念"。战斗进行到最后，杨靖宇将军弹尽粮绝，在他打完最后一颗子弹后壮烈牺牲。当敌人残忍地用刺刀剖开他的肚子，发现他的肚子里，只有树皮、草根和棉絮，没有一粒米。

四、爱国美德的教学互动游戏

同学们，我们学习了历史名人的爱国事迹，下面就让我们进入爱国美德的互动游戏环节。

下面我们根据林则徐虎门销烟的爱国故事，进行一个游戏。林则徐是清朝伟大的爱国者，他让外国的侵略者和鸦片商人交出鸦片，并在1839年6月3日这一天，在广东的虎门集中销毁，展现了中华儿女维护国家尊严和民族气节的爱国精神。

让班级学生按人物分配，进行角色扮演，一个学生扮演林则徐，选几个学生分别扮演外国商人，其他同学扮演观看虎门销烟的群众。让扮演林则徐的学生要求扮演商人的学生，交出"鸦片"（可用杂物代替）并集中在一起，然后把上交的东西没收作为虎门销烟结束。

让同学按角色不同，进行相应的对话，并在历史故事的编演中，体会到林则徐的爱国精神与民族气节。

林则徐虎门销烟

五、爱国美德的课程作业安排

同学们，我们学习了爱国美德这一堂课，让我们体会到了——爱国是中华民族的传统美德。我们在以后的学习和生活中，也应该好好地向这些爱国的历史名人学习，做一名具有爱国美德的好学生。

本节课给大家布置几道小作业，看谁完成得最好！

1. 端午节吃粽子、赛龙舟的习俗，与哪位爱国人物有关？他有怎样的故事呢？

2. 抗金名将岳飞是哪个朝代的人？他率领的军队，被称为什么？

3. 杨靖宇将军抗击的是哪个国家的侵略者？

书法作者：叶赫翛然（朝阳区香河园少年之家学生）

第二堂课◎孝悌美德

　　孝悌，是中华民族根脉相连的美德。孝，是指对父母等长辈的敬养和爱戴。悌，是指对兄弟姐妹的关怀与爱护。

　　中华民族是非常重视孝悌美德的民族，我们常说"百善孝为先"，就是指孝悌乃是我们最本源的善，是我们必须做好的行为，也是必须学习好、修养好的美德。

一、孝悌美德的相关文字介绍

　　孝悌，是中华民族根脉相连的美德。孝，是指对父母等长辈的敬养和爱戴。悌，是指对兄弟姐妹的关怀与爱护。

　　春秋时期伟大的教育家孔子，非常重视孝悌，他认为孝悌美德，是做人和做学问的根本，他编写的孝道著作《孝经》流传至今已有两千多年。

　　中华民族是非常重视孝悌美德的民族，我们常说"百善孝为先"，就是指孝悌乃是我们最本源的善，是我们必须做好的行为，也是必须学习好、修养好的美德。

二、孝悌美德的名言警句解说

　　同学们，名言警句是我们祖先留下的精神文化财富。在历史发展中，有许多与孝悌美德相关的名言警句，至今在影响着我们的生活。

　　下面，就让我们学习其中的几句名言吧！

名言一：父母者，人之本也。

这是汉代著名史学家司马迁的名言，意思是"父母是我们的根本，孝敬父母是我们做人的根本"。司马迁写了著名的史学著作《史记》，是我国第一部纪传体通史，翻开了我国史书写作的崭新一页。

同学们，我们经常会说，父爱如高山，母爱如大地。父母给了我们生命，让我们生活在这个美好的世界，让我们有机会享受现在美好的生活，我们应该懂得感恩和孝顺父母，应该明白孝敬父母是我们做人的根本。

名言二：夫孝，天之经也，地之义也。

这是春秋时期伟大的教育家孔子，在他的《孝经》里写的一句话。说的是——对父母长辈的孝顺和敬养，是我们应该做的责任，是天经地义的事情。

名言三：老吾老，以及人之老；幼吾幼，以及人之幼。

这一名言警句，是春秋时期著名的儒家代表人物孟子，在他的著作《孟子》中的一句话。

这句话的意思是说：在赡养自己的老人的时候，也要将社会中与自己没有血缘关系的老人一同关心；在抚养教育自己的孩子的时候，也要将与自己没有血缘关系、别人的孩子，予以一样地照顾和慈爱。

中华孝悌美德告诉我们，我们的爱是大爱，我们的爱心，是对所有人都能够一样地给予。

名言四：父母呼，应勿缓；父母命，行勿懒。

这一句话，出自清朝李毓秀编写的《弟子规》中。说的是：父母呼唤我们的时候，我们应该赶紧答应，而不是慢慢腾腾、心不在焉。父母交代我们去做的事情，我们就应该赶紧去做，而不是拖拖拉拉和懒惰。

同学们，在我们生活中，父母和长辈们，会经常跟我们打招呼，我们就应该呼应他们，并要先主动问候他们。当父母和长辈们，让我们去做一些家务或者其他的事情时，就应该认真尽快去做，多帮长辈做一些力所能及的事情。

名言五：父母在，不远游，游必有方。

这句名言，出自孔子与学生交流的著作《论语》中。说的是：当父母和长辈年迈的时候，我们尽量不要离开他们，去很遥远的地方。一是怕父母长辈担心我们，二是如果他们生病了需要我们照顾时，我们却不在身边伺候。如果实在要远行，也要及时告知父母长辈情况，告诉他们我们去哪里，去做什么事情，什么时候能回来，以便他们安心，并做好相应的照顾安排。

同学们，我们许多时候出门去玩，是否也应该与父母或爷爷奶奶打声招呼呢？当我们要去一个地方的时候，是否也要告诉父母或其他亲人呢？孔子的这句名言，已经告诉了我们怎样去做才是正确的，我们就应该努力去做好啊！

三、孝悌美德的历史名人故事

孝悌作为中华民族的传统美德，在历史发展中，出现了许许多多道德高尚的历史名人，他们是孝悌美德的榜样，值得我们去学习和尊敬。

下面，就让我们一起走进名人的孝悌故事，与历史名人一同感受中华民族的孝悌美德。

孝悌故事一：舜帝孝心感动天

舜，是我国传说中的远古帝王，也是历史中的"三皇五帝"之一。他姓姚，名重华，号有虞氏，历史上也尊称他为"虞帝"。

传说舜的父亲和继母，以及他同父异母的弟弟，对他很不好，多次想加害于他，但都没有成功。他们让舜修补谷仓仓顶时，故意把梯子搬走，还在谷仓底下放火，舜只好手持斗笠，从谷仓顶跳下来逃生。有一次他们让舜去挖井，等舜下到井里时，他们就往井里扔土，想活埋了舜，舜只好从旁边挖地道逃了出来。舜帝事后也不怨恨他们，对父亲和继母仍然很孝敬，对弟弟很关爱，好像一切都没有发生过。

舜的孝心感动了上天，传说有大象帮他耕地，有飞鸟为他锄草。尧帝听说他的事迹以后，特地来考察他的德行，也被他的美好品德感动了，并把两个女儿嫁给了他，最后还把帝位也传给了他。舜成为帝王以后，依旧对他的父亲和继母恭恭敬敬，并分封了他的弟弟为诸侯。

孝悌故事二：闵子骞芦衣顺母

在春秋时期的鲁国，有一个人名叫闵损，字子骞，他是伟大的教育家孔子的学生，他的德行与颜回并称，深受世人的尊敬和赞美。

闵子骞很小的时候，母亲就去世了。他的父亲便娶了他的后母，后母生下了两个儿子。后母对闵子骞很刻薄，一点都不心疼他，还经常虐待他，并在他父亲面前说他的坏话。寒冬时，后母给自己的孩子，穿的是棉絮做的衣服，而给闵子骞却用芦花来做衣服，一点都不能抵抗冬天的寒冷。

有一天，闵子骞的父亲要出门，命令他去牵车，他因为寒冷打战，将绳子掉在了地上，遭到了父亲的责骂和鞭打。闵子骞默默地忍受着，也不还口辩解。芦花随着打破的衣缝飞了出来，他的父亲这才知道实情，才明白闵子骞一直被继母虐待。

他的父亲返回家后，打算把闵子骞的继母休掉，可闵子骞却跪下来请求父亲饶恕继母，并说："留下母亲，只是我一个人受冷，如果休了母亲，那我和两个弟弟都要挨冻。"父亲听了很感动，就听从了闵子骞的话。继母知道了事情经过后，心里也很后悔，从此她也像亲生孩子一样，细心关爱着闵子骞。

同学们，闵子骞时时替两个弟弟着想，能够做到不怨恨虐待自己的继母，让全家都能幸福温暖起来，这就是孝悌美德的表现。

孝悌故事三：汉文帝亲尝汤药

西汉时期的汉文帝，是汉高祖刘邦的第三个儿子，名恒。他的母亲身体不好，经常生病。汉文帝对母亲的照顾，从来没有放松过。他的母亲病了三年，他都昼夜挂心着母亲的安危，甚至有时都不睡觉休息。有时退朝以后，衣服都没有更换，便来到自己的母亲身边悉心照顾。给母亲熬制的汤药，他也要尝一尝才放心，看看是否已经熬好，看看药的温度是否合适。

汉文帝做了 24 年皇帝，社会稳定，经济也发展迅速，他与后来的汉景帝，一同被誉为"文景之治"。汉文帝的孝心，也让我们感受到了孝悌美德的重要。

孝悌故事四：九岁黄香能扇枕温衾

同学们，在我国的东汉时期，有一个 9 岁的孩子，被公认为是"孝亲"的典范，这个人就是东汉时期的黄香。

相传在黄香小的时候，家境很贫苦，母亲去世得早，父亲的身体又多病。当炎热的夏天来临，他在睡觉前会用扇子驱赶蚊子，并扇凉父亲睡觉的床和枕头，好让父亲早一些入睡。在寒冷的冬天，黄香虽然穿不起棉袄，却不畏惧寒冷，在父亲睡觉之前，黄香都会先钻进冰冷的被窝里，用自己的身体暖好被窝以后，父亲睡觉。

黄香虽然小小年纪，却懂得孝悌的道理。他扇枕温衾的孝行，受到社会广泛赞美，被誉为"天下无双，江夏黄香"。

孝悌故事五：杨巍尽心伺候母亲

故事说的是明朝的官员杨巍，在他担任太宰这一官职后，依旧没有忘记亲自伺候自己的老母亲。

他每次上朝参拜完，就会急忙回到家里，闭门谢客，全心服侍母亲。他亲自为母亲端水洗脸，倒痰盂，搔痒擦背，只要自己能够做的事情，他都一定亲力亲为。

春天，杨巍还穿着平民百姓的衣服，把自己的老母亲背在背上，散步在花丛田野，穿行在山林里面。他陪着老母亲，在树荫下欢快地娱乐，一玩就是一整天。后来，他看见母亲年事已高，便辞官回家专门伺候母亲，他的母亲在他的照料下，一直活到了一百○四岁。

四、孝悌美德的教学互动游戏

同学们，我们读完历史名人的孝悌感人故事，是否感受到了孝悌美德的重要了呢？其实，孝悌的故事在我们生活中时常能看见。

今天，就让我们做一个"孔融让梨"的游戏，并体会一下年幼的孔融是如何关爱自己的亲人。

班级学生按照角色不同，进行装扮与表演。一个学生扮演孔融，选择一名男生扮演孔融的父亲，选择一名女生扮演孔融的母亲，选择几个同学扮演孔融的兄弟姐妹，其他学生可以扮演孔融的邻居。

游戏参照"孔融让梨"的故事，进行相应的语言安排，并让学生以各自的角色，进行游戏体验。并在游戏结束后，让学生说出自己内心的感受。

五、孝悌美德的课程作业安排

同学们，我们今天学习了中华美德中的孝悌美德，相信大家都能感受到历史名人的孝悌美德。也相信大家会在自己以后的学习生活中，用心去成为一名有孝悌美德的好学生。

本节课结束之前，我们要给同学们布置几道作业，看谁能完成得最好哦！

1. 同学们，知道爸爸妈妈的生日是哪一天吗？

2. 记得亲手为爸爸妈妈做一件礼物，送给他们。

3. 一定要为爸爸妈妈，做一次力所能及的家务。

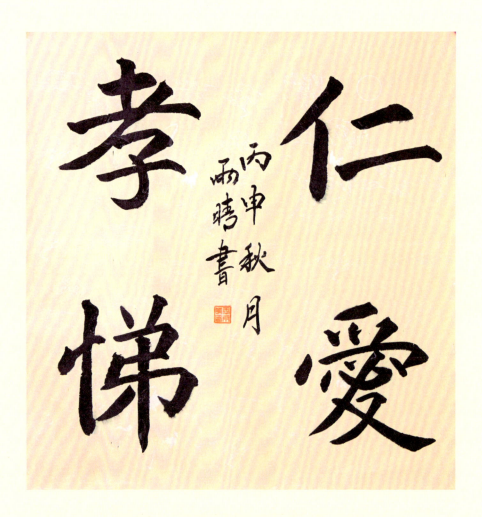

书法作者：王雨晴（朝阳区香河园少年之家学生）

第三堂课◎友善美德

　　友善，是指在我们生活中，人与人的友好善良关系。友善，也是社会主义核心价值观的一部分，倡导着我们在社会生活中，在学习中，包括在我们的教育等工作中，都要用善良的心，友好地与人相处，要体现出友好和善良的品德。

　　人与人亲近和睦，社会才和谐。与人为善，温和善良地与别人相处，大家才能更好地生活在一起。

一、友善美德的相关文字介绍

友善，是指在我们生活中，人与人的友好善良关系。友善，也是社会主义核心价值观的一部分，倡导着我们在社会生活中，在学习中，包括在我们的教育等工作中，都要用善良的心，友好地与人相处，要体现出友好和善良的品德。

人与人亲近和睦，社会才和谐。与人为善，温和善良地与别人相处，大家才能更好地生活在一起。

一个心地善良的人，一个友好的人，是很容易与人相处的，也往往会更加让人喜欢。同学们，让我们好好学习友善这一美德，去做一个具有友善美德的好学生吧。

二、友善美德的名言警句解说

在中华民族的发展历史长河中，涌现出了许多具有友善美德的仁人志士，也给我们源远流长的中华文化，留下了许多的精神宝藏。有许多的名言警句，让我们可重视友善美德，也让我们在学习中懂得遵循这一美德。

名言一：善人者，人亦善之。

这是春秋时期著名的政治家管仲，留下的一句名言。管仲具有非常优秀的政治才能，曾经辅佐齐桓公成了春秋时期的第一个霸主，他也有着良好的学识道德修养。管仲说的这句话，意思就是：一个对别人善良的人，别人也会反过来对他善良。一个关心善待别人的人，别人也会同样关心善待他。这就是我们经常说的——"爱出者爱返，福往者福来"的道理。

所以，善待别人，就是在善待自己。同学们，我们关心帮助其他同学，其他同学也会一样地关心帮助我们。我们的学校就会变成善良的海洋，就会处处充满温暖和幸福。

名言二：从善如登，从恶如崩。

这一句名言，出自我国著名的古代史书典籍《左传》。相传《左传》是春秋时期的鲁国的史官左丘明，编写的一部史书，也是我国第一部编年体历史著作。

同学们，我们知道，善良是我们做人的根本品德，但社会中也有许多的丑恶现象，因为有许多人并没有好好学习中华美德，也就会做错许多事情。

这句名言告诉我们一个道理：做善良的事情，成为一个善良的人，就像登山那样，需要一步步攀登，需要努力坚持自己美好的品德。而做坏的事情，心中有不好的想法，那就会像大山崩塌一样容易。这也告诉我们，学习中华美德，是我们一辈子都要去做的事情，就像登山那样，只有不断去向上攀登，才能到达山顶，才能看见最美丽的风景。

名言三：勿以恶小而为之，勿以善小而不为。

同学们，大家知道《三国演义》的故事吗？大家看过相关的电视剧吧！电视剧中的一个人物，相信大家都很熟悉，那就是《三国演义》里桃园三结义的刘备，不仅仅留下了"三顾茅庐"的传说，也留下了这一句名言。

刘备这句话的意思是说，我们做人做事，不能因为是较小的坏事就去做，不能因为是较小的好事就不去做。

老师经常会教育我们，做一个品德高尚的好学生。同学们，刘备的这句话，其实也告诉我们，要想成为一个品德高尚的人，要想学好中华美德，我们就应该从小做起，从小事做起，每一天都要懂得感恩，懂得帮助别人，懂得友善同学，都要做善良的事情。

三、友善美德的历史名人故事

在漫长的岁月长河里，在中华优秀的传统文化中，我们可以看见许许多多的历史名人，他们都在用生命呈现友善这一美德。同学们，下面就让我们一起走进历史，去感受这些历史名人留下的故事吧！

友善故事一：廉颇负荆请罪

战国时期的赵国，也是"战国七雄"之一，后来被秦国威胁，要赵国交出和氏璧。赵王便派蔺相如出使秦国，在蔺相如的机智和勇敢下，使和氏璧得以完璧归赵。由于蔺相如的出色表现，被赵王封为上大夫。

后来蔺相如又陪赵王赴秦王设下的渑池会，使赵王免受了秦王的侮辱。赵王为了表彰蔺相如的功劳，便又加封蔺相如为上卿。

一起陪同赵王出使活动的赵国著名老将廉颇，见到这种情况，心里就很不平衡，很不服气。廉颇认为蔺相如只是一个文弱的书生，只是凭着自己的口才和机智，就可以享受这么大的功劳，甚至官还比自己更大。想想自己每次打仗，都能战无不胜、攻无不克，为国家出生入死，地位却比蔺相如还低。

廉颇心里越想越气，所以屡次对别人说："蔺相如有什么了不起？以后让我见了他，我一定要羞辱他。"

蔺相如听到后，为了国家的安定，多次请病假不上朝，尽量不与他相见。有一次在路上遇到了廉颇，也礼让廉颇先行。后来廉颇得知蔺相如这样顾全大局、忍辱负重，完全是以赵国的国家为重，就对自己曾经的言行深感愧疚，便背上荆棘去向蔺相如负荆请罪。蔺相如友善地扶起跪在地上的廉颇，并没有因为以前的误解和受辱而怀恨在心。从此以后，蔺相如和廉颇两人，一起辅佐赵王治理国家。

友善故事二：蒋琬宰相肚里能撑船

三国时期的蜀国，诸葛亮是辅佐刘备的丞相，他把蜀国治理得井井有条，一片繁荣景象。在诸葛亮去世后，蜀国便任用蒋琬主持朝政。

蒋琬的属下有个叫杨戏的人，性格孤僻，经常沉默寡言。蒋琬与他说话，他也是只应不答，好像不把人放在眼里。蒋琬身边的人看不惯杨戏的这种态度，便在蒋琬面前嘀咕说："杨戏这个人，怎能对您如此怠慢，太不像话了！"

蒋琬坦然一笑，回答说："每一个人，都有自己的脾气秉性。如果让杨戏当面说赞扬我的话，那不是他的本性；如果让他当着众人的面说我的不是，他又会觉得我下不来台。所以，他只好默不作声。其实，这正是他为人的可贵之处。这他的沉默也有沉默的道理啊"。

后来别人通过了解，发现杨戏正是蒋琬说的那样的人。于是别人就称赞蒋琬的度量大，说他的心胸宽阔，能够在肚里撑船，这就是"宰相肚里能撑船"的历史故事。

友善故事三：清朝张英三尺巷

在清朝康熙年间，安徽桐城出了一位叫张英的读书人。后来他努力读书并考取功名，当上宰相，成了当地非常有影响的大人物。

有一天，他收到老家传来的一封家书，打开一看，原来是老家要建房子，打房屋地基时与邻居吴氏产生矛盾。邻居认为部分地基是他们的，不让张英家族的人在那上建房子。张英家族便传信给张英，希望他能凭着自己的官位，替家族出面压一压邻居吴氏的气焰。

谁知张英了解事情经过后，却只是写了一首诗，派人送回老家，老家人打开一看，原来是："千里修书只为墙，让他三尺又何妨。长城万里今犹在，不见当年秦始皇"。张英老家的人一看这首诗，明白了友善礼让的道理，便主动跟邻居吴氏提出退让三尺。邻居吴氏知道以后，也被张英的美德品行感动，也往后撤退了三尺。于是，友善的美德，留下了一条宽六尺的巷子，也留下了"三尺巷"的感人故事。

四、友善美德的教学互动游戏

同学们，学习完历史名人的友善美德故事，我们是不是要对他们又一次真诚地尊敬和爱戴啊？学习与行动结合，才能让我们学以致用。

下面就让我们，开始一次美善美德的互动游戏，让我们在传递祝福的游戏中，享受快乐和喜悦。

在活动环节，可以将班级学生分成三组，每一组男生和女生搭配相当。然后按组进行传递祝福语。每一句祝福语，都由上一个同学增加下一个同学的姓名以后，再一个个人传递下去，看哪一组态度真诚、表达流利、互动性强。

祝福语言，比如：我真诚祝福小明同学天天快乐。每个同学也可以自己编写祝福语，但必须加上要传递的下一个同学的姓名。

五、友善美德的课程作业安排

同学们，做完友善美德的互动游戏，眨眼这一堂课就要结束了。我们在欢乐的笑声里，在祝福的喜悦传递里，学习了中华美德中的友善美德，也有了学习体验和收获。

现在，我们又到了布置作业的时候。同学们，希望大家课后一定要用心完成作业！

1. 蔺相如是哪一个历史时期的人物呢？

2. 还记得故事"三尺巷"中是哪几句诗吗？

3. 请举例说出自己友善助人的几件事情。

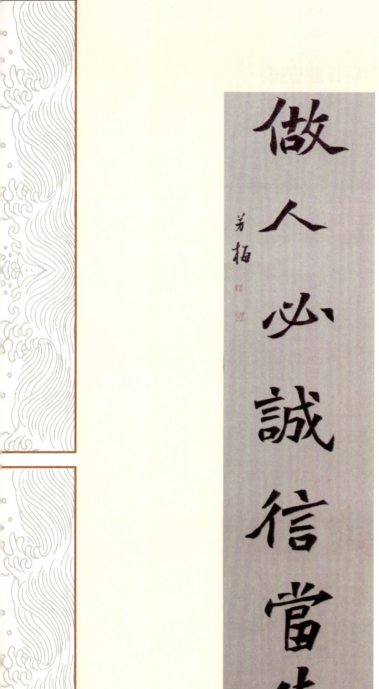

兴业以笃实为本

做人必诚信当先

书法作者：刘芳梅（朝阳区香河园少年之家教师）

第四堂课◎明志美德

　　中华民族是有志向的民族，中华文化也流传着许多明志的历史典故。立志才能有努力的方向，明志才能时时鞭策自己，一定要拼搏奋进，一定要为了理想的实现，而不断学习和耕耘。

　　明志是中华民族的传统美德，每一个人，都有自己渴盼实现的愿望。同学们，今天我们写下理想，就是要让我们在以后的学习生活中，不忘记自己的追求，一定要明志，一定要努力去成为一名心中有远大理想的好学生。

一、明志美德的相关文字介绍

我们每一个人，都有自己的理想。有的人，想成为一名科学家，去探索太空的奥秘。有的人，想成为一名文学家，写出动人的作品。有的人，想成为一名老师，桃李满天下……同学们，你们的理想，是不是很清楚呢？

下面，请每一个同学，用一句话写下自己的理想。

同学们，我们手捧着我们的理想，庄重地说——我要立下志向，我一定要实现自己的理想。

中华民族是有志向的民族，中华文化也流传着许多明志的历史典故。立志才能有努力的方向，明志才能时时鞭策自己，一定要拼搏奋进，一定要去为了理想的实现，而不断学习和耕耘。

明志是中华民族的传统美德，每一个人，都有自己渴盼实现的愿望。同学们，今天我们写下理想，就是要让我们在以后的学习生活中，不忘记自己的追求，一定要明志，一定要努力去成为一名心中有远大理想的好学生。

二、明志美德的名言警句解说

每一句名言，都有丰富的哲理，都在告诉我们怎样做人，怎样做事，怎样求学，怎样去传承中华美德。

下面，就让我们从中华民族悠久灿烂的历史文化中，去聆听有关明志美德的名言警句。

名言一：志不强者，智不达。

这句名言，出自春秋末期、战国初期墨家的代表人物墨翟的著作《墨子》。墨翟是著名的思想家、发明家、教育家，他重视学习，主张活到老、学到老。他也很重视一个人的品德教育，他认为一个人立志很重要。他的这句名言，说的是这样的道理：志向不坚定强大的人，那他的智慧也就无法发挥出来，更不会有很好的结果。

名言二：老骥伏枥，志在千里；烈士暮年，壮心不已。

曹操是东汉末年的著名历史人物，他也是《三国演义》故事中的主要人物之一。曹操，字孟德，是杰出的政治家、军事家、文学家和书法家，也是三国时期，曹魏政权的奠基人。

这句名言，就出自曹操的诗歌《步出夏门行》，也反映了曹操的人生态度。

他这句话的意思是：老的千里马，虽然伏在马槽旁边，可它的雄心壮志，却依旧能驰骋千里。壮志凌云的人，即使到了晚年，他奋发进取的心，也不会停止追求。

同学们，我们也能够通过曹操的这句名言，感受到他的雄心壮志，也能体会到他的积极乐观。我们在学习中，也要有这种雄心壮志，也要这样积极乐观。

名言三：古之立大事者，不惟有超世之才，亦必有坚忍不拔之志。

这句名言，出自北宋大文豪苏轼的文章《晁错论》。同学们，苏轼是我国古代散文的"唐宋八大家"之一，他不仅仅文章写得好，书法也非常出色，是北宋著名的文学家、书法家、画家。

苏轼的这句名言，说的意思是：自古以来，能够真正建功立业、成就大事的人，不只是有超越普通一般人的才能，更重要的是他们必然有坚忍不拔的毅力和志向。

这就告诉我们，我们作为一名学生，每天的学习，必须明志，这样才能将聪明才智，真正用于成就将来的理想。

名言四：有志者，事竟成。

这句名言，出自我国的史学著作《后汉书》，后被清朝的著名文学家蒲松龄引用，写入了对联"有志者，事竟成，破釜沉舟，百二秦关终属楚；苦心人，天不负，卧薪尝胆，三千越甲可吞吴"中，从而流传甚广。

有志者，事竟成。意思就是说：有志向的人，做事情一定会成功。这也告诉我们，无论是在学习中遇到任何困难，也不管是在生活中遇到各种不幸，我们都要坚定信念，努力去拼搏，继续去奋斗，在风雨中一定要百折不挠地勇往直前，一直坚持到实现我们的理想。

同学们，生活不会只有快乐，学习也不会永远都顺利，但只要我们坚定志向，就会一次次战胜困难，就会一步步摆脱痛苦，并最终迎来希望和胜利。

名言五：淡泊明志，宁静致远。

这一名言，出自三国时期的被誉为智慧象征的诸葛亮写的《诫子书》一文中。诸葛亮，字孔明，号卧龙，是三国时期蜀国的丞相，也是杰出的政治家、军事家、文学家、书法家、发明家。

诸葛亮在劝诫儿子的《诫子书》中，有"非淡泊无以明志，非宁静无以致远"的句子。说的意思就是：一个人，只有不追求名利，生活简朴自然，才能显示出自己内心的志向；一个人只有不追求喧闹，心里安静祥和，才能实现自己远大的理想。

同学们，我们在学习中，也一样要安静而不是喧闹，一样要心灵纯净而不是放纵自己，这样才能更好地明志，才能更好地坚持自己的理想，并实现自己的目标。

三、明志美德的历史名人故事

翻读数千年的中华历史，我们就可以看见，许许多多的历史名人，都怀着自己的志向，矢志不渝地坚持自己的理想。无数的仁人志士，怀着爱国报国的心，时刻明志，从而不断严格要求自己，成为名垂青史的栋梁。

同学们，下面我们介绍几位具有明志美德的历史人物，一起走进他们的传奇故事。

明志故事一：司马迁发愤著《史记》

司马迁是我国西汉时期著名的史学家，他出生在黄河岸边，从小就听长辈讲述古代英雄的历史故事，内心十分向往。司马迁的父亲司马谈，是汉朝专门掌管修史的官员，立志要编写一部史书，记载从黄帝到汉朝这2600多年的历史。司马迁受父亲的影响，很小的时候便立下志向，并不断努力学习各种历史知识。司马迁还四处游历，增长见识也广交朋友，这也为他以后创作《史记》积累了大量的历史资料。

司马迁的父亲在临终时，嘱托司马迁一定要完成写史书的遗愿。司马迁接替他父亲成为史官后，更加勤奋地学习刻苦，时刻铭记着父亲的嘱托，每天都忙着研读历史文献。

当他正在专心写《史记》时，突然飞来一场灾祸。他因为替一位将军辩护，而得罪了汉武帝，入狱并遭受了酷刑。司马迁悲愤交加，但只要一想到父亲的嘱托，一想到《史记》还没有完成，他便一次次重新振作起来。他心里想：人总是要死的，有的重于泰山，有的却轻于鸿毛，如果自己不完成写《史记》的愿望，那生命又有什么意义呢？

于是，司马迁把痛苦埋藏心底，把个人耻辱放下，重新开始了《史记》的编写。就这样，司马迁在痛苦屈辱中发愤写作，用了整整18年的时间，终于在他60岁时，完成了这部52万字的史学巨著《史记》。这一部前无古人的著作，也是我国第一部纪传体史书，几乎耗尽了司马迁毕生的心血，可以说，他是用生命在明志，在完成他的理想。

明志故事二：祖逖闻鸡起舞

晋代的祖逖，是一名著名的军事将领，也是一个胸怀坦荡、具有远大理想抱负的人。他生活在社会动荡的晋代，小时候非常调皮淘气。当他长大后，看见社会混乱、民不聊生，便立志要报效国家，做一个对国家和民族有用的人。

于是，他开始勤奋读书，从各种书籍中，学习知识并提高自己的学问。很快，他便受到了别人的称赞，说他是可以辅佐帝王治理国家的人才。在他24岁时，有人推荐他去朝廷做官，但他觉得自己还学得不够，于是拒绝了做官，并更加勤奋地继续学习。

后来，祖逖和幼时的好友刘琨，一起担任了司州的主簿。他们之间感情深厚，经常在一起讨论天下的事情，也共同怀着远大的理想：努力建功立业，去复兴晋国，真正成为国家的栋梁之材。

有一天夜里，祖逖在睡梦中，听见了公鸡的鸣叫声。他于是将刘琨叫醒，并对刘琨说："你听见了公鸡鸣叫的声音了吗？"刘琨回答他说，"半夜鸡叫不吉利。"祖逖却不这样认为，他就跟刘琨商量，说"干脆以后听见鸡叫声就起来练剑。"刘琨也很高兴地答应了。于是，他们就在每天鸡叫后，起床练剑，冬去春来，无论刮风下雨，从未间断。

终于，功夫不负有心人，祖逖他们经过刻苦的学习和训练，成了能文能武的人才，不仅写得一手好文章，还能领兵打仗上战场。后来，祖逖被封为镇西将军，实现了他报效国家的愿望，也体现了他明志的美德。

明志故事三：周恩来总理为中华之崛起而读书

同学们，我们敬爱的周恩来总理，是伟大的革命家，是我们新中国的开创者之一。他从小便立志，要为国家和民族，做一生的追求。

周恩来小时候，国家正处于动荡和敌人的蹂躏之中，人民生活在水深火热里。他12岁那年，离开家乡来到了东北沈阳，当时东北是帝国主义争夺的地方。他的伯父指着一片繁华热闹的地方，叮嘱他别去那里玩，以免惹出麻烦就糟糕了。在他的询问下，伯父告诉他那是外国人的租界，因为中华不振，中国人在自己的土地上，也要被外国人刁难欺凌。

伯父说的每一句话，都深深铭记在了周恩来的心里。后来他进入东关模范学校读书，也始终无法忘记外国人趾高气扬的样子，无法忘记伯父摇头叹息的情形。

有一天，学校校长在修身课上，向同学们提出一个问题：请问诸生，为什么而读书？

同学们有各种各样的回答，有的说是为了明理而读书，有的说是为了做官而读书，有的说是为了挣钱而读书，还有的甚至说是为了吃饭而读书。周恩来静静地坐在那里，当校长点名让他回答时，他坚定地站起来，响亮地回答——为中华之崛起而读书！

校长听了为之一振，他打量着这个十二三岁的孩子，怎样也想不到，这个孩子居然有如此的志向。他不禁又问了一遍周恩来：你再说一遍，为什么而读书？

这一次，周恩来更加铿锵有力地回答——为中华之崛起而读书！校长不由得喝彩叫好起来。

少年周恩来便已知道，一个人必须为国家和民族立定志向，必须要好好读书，才能成为报效国家的栋梁。同学们，敬爱的周恩来总理，就是我们学习明志美德的榜样啊。

四、明志美德的教学互动游戏

同学们，我们学习了名人的明志美德故事，相信大家都已经明白了立志的重要，也会在以后的学习生活中，坚定自己的志向，努力学习，不断进步。

下面，让我们做一个明志的活动游戏——描述自己的志向，开展一次理想的小组分类。

将班级中的学生，按照本节课开始时学生写的理想，进行志向的分类，然后让学生进行各自的理想解说，启发他们怎样一步步去实现理想。通过游戏，也让同学们意识到学习的重要性，明白树立远大志向是自己必须要做的事情。

五、明志美德的课程作业安排

同学们，我们在游戏中，马上就要结束这一堂美德课程。大家都记得一定要明志，一定要志存高远，一定要踏踏实实地学习知识，要不断掌握本领，这样才能真正成为有用之才，才能在学习和生活中，展现出明志这一美德。

同学们，又到了该布置作业的时候啦。今天的作业，依旧是三个问题，请同学们别忘记回答哦——

1. 诸葛亮是哪个历史时期的著名人物？

2. 闻鸡起舞的祖逖，是和谁一起练剑读书的呢？

3. 周恩来总理少年时曾经说过一句什么名言？

书法作者：李佳悦（朝阳区香河园少年之家学生）

第五堂课 ◎ 好学美德

　　好学，是指喜爱学习，热爱读书，崇尚知识。好学，中华民族自古以来，就一直传承着这一美德。无数的名言警句，无数的历史故事，在告诉我们——中华民族是好学的民族，是智慧的民族。

　　同学们，好读书，读好书，这是我们快乐成长的过程。历史中，有许多好学的名言警句，值得我们在生活中运用。有许多好学的典故，值得我们了解和学习。

一、好学美德的相关文字介绍

　　好学，是指喜爱学习，热爱读书，崇尚知识。好学，中华民族自古以来，就一直传承着这一美德。无数的名言警句，无数的历史故事，在告诉我们——中华民族是好学的民族，是智慧的民族。

　　中国有文字记载的历史，就有五千年，也留下了浩如烟海的各类典籍。一代代的祖先，在不断地教育着后人，传承着中华文明，也发展着华夏智慧。

　　勤奋好学，现在也是许多学校的校训。学校是教书育人的地方，也是传播知识和播种真善美的地方。

　　好好读书，也是每一个学生，最根本的义务。将学生教育好，将学生引入正确的学习世界里，这也是我们老师言传身教的基本工作。

　　同学们，好读书，读好书，这是我们快乐成长的过程。历史中，有许多好学的名言警句，值得我们在生活中运用。有许多好学的典故，值得我们了解和学习。

二、好学美德的名言警句解说

中华美德之一的好学美德，传承着智慧，也通过学习明白着做人处事的道理。下面，就让我们仔细体会一些名言警句，从中领悟好学美德吧。

名言一：三更灯火五更鸡，正是男儿读书时。黑发不知勤学早，白首方悔读书迟。

同学们，这首古诗，是唐代著名书法家颜真卿写的《劝学诗》。这首诗，表达的意思是：每天三更半夜的时候，公鸡就开始啼叫了，这正是孩子们读书的好时间。如果在小的时候不懂得珍惜宝贵时间，不去努力勤奋学习，那等到自己年纪大的时候，就会后悔自己年少的时候没有好好读书。

是啊，同学们，我们现在有这么好的学习条件，如果不好好读书学习，那是多么可惜的事情。颜真卿在一千多年前的唐代，就告诫我们珍惜时光，要好好学习，别让自己留下遗憾，我们也应该严格要求自己，不能让自己懒惰，不能让自己不上进，不然后悔的就是我们自己了。

名言二：敏而好学，不耻下问。

这句名言，出自我国春秋时期伟大的教育家孔子，在他的弟子整理的孔子语录《论语》中有记载。这句话的意思是说：天资聪明、才思敏捷而又勤奋好学，不以向地位比自己低、学问比自己差的人请教感到耻辱。

孔子的这句话，具有非常深刻的哲理。这也告诉我们，如果一个人很聪明很敏捷，却不去好好学习，不去勤奋努力，那他也是无法成才的。如果一个人，总是感觉自己很了不起，总觉得自己高高在上，不与地位比自己低的人打交道，不与学问不如自己人的交流，那他也很难有美好的德行。

同学们，在我们身边，也有成绩差一些的学生，但他们也有自己的优点，也有值得我们学习的地方。我们也应该去与他们交朋友，应该相互取长补短，去学习别人的长处，并不断努力要求自己学习进步。

名言三：书到用时方恨少，事非经过不知难。

这一句话，是南宋文学家陆游的对联名句。陆游，字务观，号放翁，生活在北宋灭亡之际，少年时就深受家庭爱国思想的熏陶，是著名的史学家和爱国诗人。

陆游的这一对联名句，说的意思就是：我们平时往往对自己的学习疏忽，真正到了要用到知识的时候，才会发现知识是那么的重要啊。我们也时常会不知道事情的不容易，往往是经历了以后，才知道其中的酸甜苦辣各种滋味。

同学们，这就告诉我们，一定要珍惜现在读书的时光，一定要从现在开始做起，努力学习并掌握本领。如果现在不好好学习，那就会浪费光阴，就会留下许多的遗憾。

名言四：立身以立学为先，立学以读书为本。

这是宋代文学家欧阳修的一句名言。欧阳修，字永叔，号醉翁、六一居士，他也是我国北宋著名的政治家。欧阳修的散文成就很高，也是我国古代散文领域"唐宋八大家"之一，他在史学方面，也有很高的水平。

他这句话的意思，就是说：一个人修养品行，要从学习开始，而学习又必须以读书为根本。这就告诉我们，读书是我们获取知识的重要途径，也是我们修身明志的主要方法。同学们，读书的作用，也可以体现在这些方面。

名言五：读书破万卷，下笔如有神。

这一句名言，出自唐朝伟大诗人杜甫的《奉赠韦左丞丈二十二韵》。杜甫，字子美，自号少陵野老，他是唐代伟大的现实主义世人，与唐代伟大的浪漫主义诗人李白合称为"李杜"。杜甫在我国的古典诗歌中，影响非常深远，因为诗句中有许多现实生活和时代特点的描写，他也被后人尊称为"诗圣"和"诗史"。

杜甫的这句话，说的是这样的道理：平时好好学习，勤奋读书，真正做到了博览群书、把书读透了，这样才能在下笔写作的时候，得心应手、水到渠成。

这也告诉我们，学习贵在平时的坚持，知识贵在日常的积累。只要真正在平时做到了好好读书，那自己就一定会妙笔生花，就自然也会"胸有诗书气自华"啊！

三、好学美德的历史名人故事

同学们，学习了好学美德的名言警句，我们是不是感觉到了应该努力学习的紧迫感呢？

在中华文化的长河里，我们可以看见有无数的历史名人，是那么的勤奋好学，是那么的求知若渴。下面，让我们一起进入历史名人的故事世界，去感知他们的好学美德。

好学故事一：孔子韦编三绝

春秋时期，许多书都是用竹子为材料做成的。古代将竹子，做成一根根竹简，然后把竹简用火烘烤，去掉竹子里的水分，以便保存和防止虫蛀。这样，就可以在竹简上写字了。把写好的竹简再用结实的绳子之类的东西，编织连在一起，就成了一部可以阅读的书。古代的一部著作，比如像《易》这样的书，往往要用很多捆竹简，才能抄写完整呢。

春秋伟大的教育家孔子，很喜欢读《易》。他花了很大的精力，把《易》从头到尾全部读了一遍，也基本上了解了《易》的内容。可孔子觉得还很不够，于是他不久后又开始读第二遍，读完第二遍以后，他掌握了《易》的基本要点和精华。可他还觉得很不够，于是又开始了第三遍阅读，这一次他终于对《易》中的精神、实质、主旨有了透彻地理解，也明白了《易》里蕴藏着的丰富道理。

孔子并没有就此停止，他在以后的日子里，一直在深入研究这部书，并把这部书进行整理和校订，同时也传授给自己的弟子。就这样，好学的孔子，真正做到了学无止境，他不知翻阅了多少遍《易》，却始终觉得自己没有学够。

月复一月，年复一年，孔子这样翻来覆去地研读，以至于把串联竹简的牛皮带子，都给磨断了好几次，只好重新换上新的绳子继续学习。即使好学到如此地步，孔子却依然谦虚地对别人说："如果能让我多活几年，我就可以完全掌握《易》这部书的文与质了。"

同学们，伟大的教育家孔子，是多么的谦虚好学啊！

好学故事二：晋代的囊萤映雪

同学们，相信大家都知道囊萤映雪的好学故事吧。

晋代的车胤家里很贫寒，可自己很好学，白天不仅仅在劳作休息时很勤奋地看书，到了晚上还想好好读书，可家里很穷，点不起油灯。好学的车胤，于是只能想尽办法让自己平时多读一些书。

夏天的一个晚上，车胤正在院子里背诵文章，忽然看见萤火虫在眼前飞舞，一闪一闪地亮着光，在黑暗中显得那么耀眼。他想，如果能把萤火虫聚集在一起，它们的亮光不就能够照着自己读书了吗？

于是，车胤找来一只白绢袋子，将飞舞的萤火虫放在里面，然后再扎紧袋口，把袋子挂起来。萤火虫一闪一闪的，虽然不像油灯那样明亮，但总算可以勉强用来读书啦。由于车胤十分勤奋好学，他也学到了许多知识，并在后来做了职位很高的官，成了国家的栋梁。

晋代的孙康，家庭也很贫寒，和车胤一样，没有钱买灯油，晚上没有办法看书，只能早早入睡。可他总觉得这样浪费时间，实在是太可惜了。

有一天半夜，他从睡梦中醒来，发现窗户缝隙里透进来一丝亮光。他打开窗子一看，原来是大雪映照出来的。孙康也不觉得寒冷，而是满怀喜悦地想：这雪地里映照的光，不正可以照着自己好好读书吗？

于是，他走出屋子，在雪地里借着白雪的光，认真地读起书来。手脚冻僵了，就起身跑动暖和一下。就这样，孙康每逢下雪的晚上，就会在雪地里勤奋地读书学习。这种勤奋苦学的精神，让孙康的学问突飞猛进，成为了饱学之士，也成为了很有用的人才。

好学故事三：王羲之苦练书法

王羲之是晋代的著名书法家，从小就非常喜爱书法，几十年来锲而不舍地刻苦练习，终于使他的书法艺术达到了超逸绝伦的高峰，他的书法作品《兰亭序》被誉为"天下第一行书"，他也被尊称为"书圣"。

王羲之小时候练习书法，非常刻苦，甚至连吃饭和走路都不敢浪费时间。如果身边没有纸笔，他就会在身上划写，日积月累，衣服都被他划破了。王羲之有时练习书法，会达到忘情的程度。一次练字竟忘记了吃饭，家人把饭送到他的书房，他因为太投入，竟不加思索地用馒馒蘸着墨吃起来，还觉得很有味道。当家人发现时，他早已是满嘴黑墨了。

王羲之经常在池边练习书法，在池子里洗毛笔。随着时间的积累，整个池子的水都变黑了，被人称为"墨池"。正是王羲之这样勤奋好学，不断坚持练习，才有了后来巨大的书法成就。

勤奋好学的王羲之，也是我们学习的榜样啊！

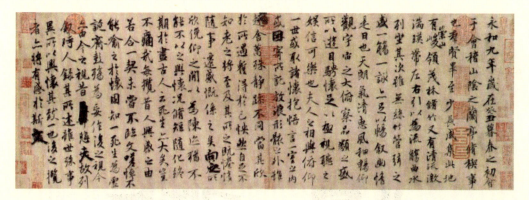

四、好学美德的教学互动游戏

同学们，我们刚才已经学习了历史名人的好学故事，现在又到了互动游戏的时间啦。

这节课里，我们要开展一次读书的朗诵比赛，看哪一组的选手表现最好，看哪一位同学朗诵得最准确。

在互动游戏中，可以指定比赛的诵读文章，也可以由学生自己选择所要诵读的内容。

活动中，可以按学习小组的方式，进行学生的组合搭配，然后参考每一个学生的朗诵情况，进行综合考核。

朗诵的文章，主要是古代国学经典，还可以是学生已经学过的诗歌与课文等。此活动目的是调动学生的学习兴趣，让他们能积极地投入到学习的氛围里。

通过诵读竞赛，也可以让学生加强相互配合的能力，有团队合作的意识。

活动也可以采取视频播放，学生跟读的方式进行。

五、好学美德的课程作业安排

同学们，时间过得真快，眨眼又到了下课的时间。这一堂课，我们学习了中华美德中的好学美德，希望同学们好好学习，不断进步，把知识本领学好，以后成为有用之才。

同学们，让我们回顾着学习的内容，同时布置一下本堂课的作业，期待每位同学都能完成哦！

1. 车胤和孙康，他们是用什么方法夜间读书的呢？

2. 书法家王羲之，他洗毛笔的水池被称为什么？

3.– 孔子"韦编三绝"的故事，是指他读的哪一本书？

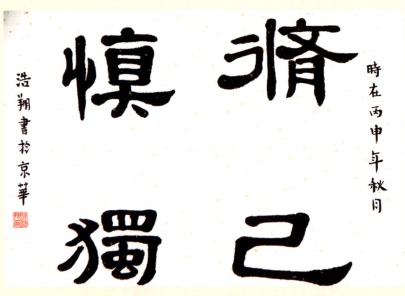

书法作者：徐浩翔（朝阳区香河园少年之家学生）

第六堂课◎尚礼美德

　　中华民族是好客尚礼的民族，我们的祖国是崇尚礼节的礼仪之邦。希望通过这一堂课的学习，能让大家了解我们祖国源远流长的礼仪文化，知道我们中华民族的尚礼美德。

　　同学们，让我们进入尚礼美德的课程，共同去领略中华民族的传统文化，与历史中的名人对话尚礼美德吧。

一、尚礼美德的相关文字介绍

尚礼，是指崇尚、推崇、尊重礼节，也是对礼仪文化的重视，对礼仪制度的遵循。

中国是世界上四大文明古国之一，有着历史悠久的礼仪文化，也有着十分丰富的礼仪规范。

在我们的言谈举止之间，在我们的衣食住行里，在生老病死的过程中，都与礼的文化息息相关。

礼在中国古代，是用来确定各种社会关系的制度之一，可以定亲疏、决嫌疑、别异同、明是非。可以说，自古以来，礼就是一个人为人处事的根本，也是一个人之所以成为人的标准。礼仪文化从夏朝就已经存在，至今已有四五千年的历史。春秋时期伟大的教育家孔子，曾经提出"克己复礼"的主张，也说明了礼在生活中的重要性。

我们生活中的礼节，其实就是人与人交往的礼仪规矩。俗话说"没有规矩，不成方圆"，正是有了各种礼节，让我们的生活才有了各种形式的表达，也形成了相应的美德。

尚礼这一美德，是中华民族流传了数千年的文化传统，也是我们生活中为人处事的通行证。其实，礼节就是人与人相互表示尊重的各种形式，其中包括动作和语言两种。比如握手、鞠躬、磕头、道谢、问候、祝贺等。

同学们在学校里，要尊敬老师，在家里要尊敬长辈，在生活中要对兄弟姐妹予以关爱，都能体现出礼节。尚礼这一美德，与我们一辈子都相依相伴，与我们的生活密不可分。

在历史长河中，可以看见许许多多有关"礼"的名言警句，也有无数的名人与"礼"的文化有关。

同学们，就让我们一起去认知尚礼这一中华美德吧。

二、尚礼美德的名言警句解说

中华民族，注重礼尚往来，也时常将尚礼这一美德，融入言谈举止之中。

翻读中华传统文化经典，就会发现，有许多的名言警句，时时刻刻在告诉我们为人处事的道理，在警醒我们要懂得知礼守礼，培养尚礼的美德。

下面，通过一些名言警句，来了解中华尚礼的文化。

名言一：不学礼，无以立。

这一名言出自春秋时期伟大的教育家孔子，在《论语》一书中有记载。

意思就是说，如果不学习礼仪，怎么能够懂得做人呢。

据说孔子有一天站在庭院里，看见他的儿子孔鲤正低着头小步快走地恭敬走过去，便问孔鲤："站住，学《诗》了吗"？孔鲤回答："没有"。孔子说："不学《诗》，何以言"？意思就是说不学习《诗》，你怎么知道说话呢？于是孔鲤便回到房间里认真读《诗》。

又有一天，孔子站在庭院里，孔鲤又一次低着头小步快跑地走过去。孔子便又问他："站住，你学《礼》了吗"？孔鲤回答说："没有"。孔子便又批评他说："不学《礼》，何以立"？意思就是说孔鲤，不学习《礼》，怎么懂得做人呢？于是孔鲤便回到房间，认真地学习《礼》来。

名言二：人无礼不生，事无礼不成，国无礼不宁。

这一名言，出自战国后期儒家学派代表人物荀子。荀子，名况，著有《荀子》三十二篇。

意思就是说：如果一个人，不懂得礼仪，不崇尚礼教，那他就无法生存在世界上。如果做事情不讲究礼法，那是无法成功的。如果一个国家，没有礼仪制度，那这个国家就会混乱而不安宁啊。

同学们，你们一定要知道，尚礼是多么重要的美德。

名言三：人有礼则安，无礼则危，故曰：礼不可不学也。

这一名言出自著名的典籍《礼记》。这一部典籍，汇聚了我国从战国一直至西汉初年，儒家礼仪的论著。

这句话的意思是：一个人有礼仪规范，就会和谐安定有序，如果没有礼仪规范，就会陷入混乱危害之中。所以可以这样说，礼仪规范，不能不去学习啊！

名言四：安上治民，莫善于礼。

这是春秋时期伟大的教育家孔子，记载在《孝经》中的一句话。《孝经》是古代儒家伦理著作，也是我国第一部孝道的专著。

此句名言，意思是：安定社会秩序，教导人民恭敬和顺，没有比用礼仪道德来感化更好的办法了。

我们可以看到，礼在生活中的运用真的是非常广泛，礼的作用确实是太重要了。

名言五：非礼勿视，非礼勿听，非礼勿言，非礼勿动。

这一句名言，也是出自于伟大的教育家孔子，记载在《论语》里面。说的意思是：不符合礼法规矩的东西，就不要去看；不符合礼法规矩的音乐，就不要去听；不符合礼法规矩的话语，就不要去说；不符合礼法规矩的事情，就不要去做。

这句话，是孔子回答他的弟子颜回时说的。颜回向孔子问询"仁"时，孔子告诉他，说"克己复礼"就是仁，然后又延伸出了这句话。通过这句话，我们可以知道孔子对礼的重视，也能知道尚礼这一中华美德的源远流长。

三、尚礼美德的历史名人故事

中华民族是尚礼的民族，在数千年历史中，留下了许多尚礼的名人故事。尊敬老师和长辈，也是我们崇尚礼仪的体现。同学们，下面我们就一起来学习几个小故事，看看这些历史名人是怎样坚持尚礼这一美德的。

尚礼故事一：孔子向老子问礼

孔子是春秋时期儒家的开创人物，伟大的教育家。老子是春秋时期道家的创立者，留下了《道德经》供后人学习。

公元前521年春，孔子向周朝的都城洛阳进发，去拜访负责管理周朝资料档案的老子。到达都城的第二天，孔子便徒步前往守藏史府拜访老子。

老子知道孔子到来，便站在门口迎接。孔子看见老子以后，急忙趋步向前，恭恭敬敬地向他行了弟子礼。两人进入大厅后，孔子再一次向老子礼拜后，才坐了下来请教学问。

老子问孔子有什么事情，孔子离开座位回答说："我学识浅薄，对古代的礼制一无所知，特地向您请教"。老子看见孔子这么诚恳，便详细将自己的见解，都告诉了他。

孔子回到鲁国后，十分赞叹老子的学问。孔子跟他的学生说："鸟儿，我知道它能飞；鱼儿，我知道它能游；野兽，我知道它能跑。善跑的野兽我可以结网来捕捉它，会游的鱼儿我可以用鱼钩来钓到它，飞翔的鸟儿可以用好的弓箭射下来。至于龙，我却不知道它是如何乘风云而上天的，老子，就是龙一样啊"。

尚礼故事二：刘备三顾茅庐

东汉末期，黄巾军起义，天下一片大乱。刘备和张飞、关羽桃园三结义以后，参加了一系列的战争，队伍逐渐壮大起来。有一天，刘备听著名的谋士徐庶和司马徽说，有一个名叫诸葛亮的人很有学识，又有才能，如果能得到这个人的辅佐，国家便有了保障。

刘备求贤若渴，便和关羽、张飞一起带着礼物，去了隆中的卧龙岗，请诸葛亮出来帮助他。可恰巧诸葛亮这一天出门了，没有在家，刘备只好失望地打道回府。没过多久，刘备又和关羽、张飞冒着大风雪，第二次来到隆中去请诸葛亮，可诸葛亮又出外闲游去了，还没有回来。刘备只好留下一封信，表明对诸葛亮的敬佩之情，以及恳求他出来帮助自己挽救国家危险局面的想法。

又过了一些时候，刘备准备第三次去拜访诸葛亮。张飞脾气暴躁地说由他一个人去叫，如果诸葛亮不来，就用绳子将诸葛亮捆绑过来。关羽跟刘备说诸葛亮也许是徒有虚名，未必有真才实学。刘备将张飞责备了一顿，又带着他们去隆中第三次拜访诸葛亮。

这一次诸葛亮在家，只是正在睡觉。刘备他们不敢惊动他，便一直站在外面等他醒来。诸葛亮一觉醒来，看见刘备他们这样诚恳，便对刘备他们详细诉说了自己对天下局势的看法，并答应了辅佐刘备的请求，最终帮助刘备建立了蜀汉，形成了"三国演义"中魏蜀吴"三足鼎立"局面。成语"三顾茅庐"由此而来，也体现了求贤若渴的尚礼美德。

三顾茅庐

尚礼故事三：杨时程门立雪

北宋时期，有一位很有才华的才子杨时，他考中进士以后，放弃了做官，而是继续四处求学。

程颢和程颐兄弟俩，是当时很有名望的大学问家、哲学家、教育家，也是北宋理学的奠基人。他们的学说，被南宋的朱熹继承与发展，形成了"程朱学派"。

杨时非常仰慕"二程"的学识，便来到洛阳程颢那里，拜师求学。四年以后程颢去世了，杨时便又继续拜程颐为师，当时他年已四十，却一心尊师并刻苦学习。

有一天，天降大雪，非常冷。杨时在学习时，遇到了一些疑难问题，他便冒着冷冽的寒风，约上同学游酢一起去老师家求教。当他们来到老师家时，看见老师坐在椅子上睡着了。他们不忍心打搅，怕影响老师休息，于是就静静地站在门外等候。当程颐一觉睡醒时，发现杨时他们的脚下积雪已经一尺深了，身上也飘满了雪花。程颐赶紧将杨时他们请进屋里，并详细地为他们进行了解答。

从此"程门立雪"这一典故，就成了尊师尚礼的典范。

四、尚礼美德的教学互动游戏

同学们，我们学习了尚礼这一美德，通过历史名人的故事，感受到了中华民族崇尚礼节的优秀传统。

我们下一个环节，将围绕着尚礼这一美德，开展一个互动的教学游戏——演练传统礼仪。

将同学分成三组，进行拱手礼、鞠躬礼的演练。

可以用视频播放相关礼仪示范以后，看哪一组的同学活动纪律最好，演练时动作最为规范。

五、尚礼美德的课程作业安排

同学们，很快又到了下课时间。这节课我们学习了尚礼这一美德，希望你们在家里、在学校，都要知书达礼，遵守纪律，自觉维护良好的道德规范。

以下是这节课要布置的作业，请一定要用心回答：

1. 伟大的教育家孔子，向谁请教过礼制的问题呢？

2. 请问，刘备他们"三顾茅庐"去拜访的是谁？

3. 名言"不学礼，无以立"，是出自于哪本古代著作？

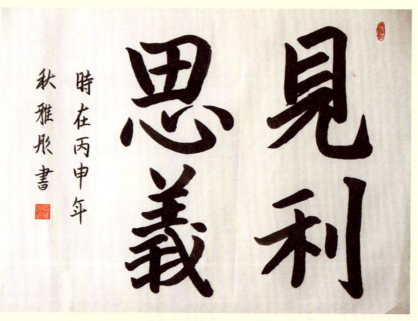

书法作者：王雅彤（朝阳区香河园少年之家学生）

第七堂课◎勤俭美德

　　勤俭是中国人的一种优秀习惯，也是中华民族的传统美德。无论是在哪一个地方，也不管是在哪一家庭，都能体现出勤俭这一美德。

　　同学们，生活在美好时代里的我们，在学习生活中，不仅要严格要求自己，也应该养成勤俭的美德。

一、勤俭美德的相关文字介绍

　　勤俭是中国人的一种优秀习惯，也是中华民族的传统美德。无论是在哪一个地方，也不管是在哪一家庭，都能体现出勤俭这一美德。

　　中华民族的发展历史，其实也在体现着我们中国人，在家庭生活、事业工作、国家治理等方面，都有着勤俭的美德。我们中国人，自古以来就在秉承着这一美德，并且不断在创造着、发展着，也让生活越来越美好。

　　中华文化博大精深，留下了无数的名言警句，用来介绍中华勤俭美德。也在悠久的历史发展中，涌现出了无数的名人，用他们的言行举止，来呈现着中华勤俭这一美德。

　　可以说，中华民族的勤俭美德，小到一个人、一个家庭，大到一个国家、整个民族，在生存和发展中，都离不开它。三国时期著名的军事家诸葛亮（我们在前面的美德课里，已经做了介绍），他就留下了"静以修身，俭以养德"的警句。清代的朱柏庐是治家的能手，他把"一粥一饭，当思来之不易；半丝半缕，恒念物力维艰"，当作自己治理家庭的家训。我们伟大的无产阶级革命家毛泽东主席，无论是在生活中，还是在治理国家时，都将勤俭作为自己的座右铭。这些事例，我们将在后面的学习中，给大家做详细讲解。

　　同学们，生活在美好时代里的我们，在学习生活中，不仅要严格要求自己，也应该养成勤俭的美德。

二、勤俭美德的名言警句解说

当我们置身在中华美德的美好世界里，当我们感受着中华悠久灿烂的传统文化，当我们真正在生活中体现着勤俭这一美德，就会发现，原来我们今天所做的每一件事，都在遵照古人留下的道理和美德。

许许多多的名言警句，都在向我们介绍中华民族的勤俭美德。同学们，下面就让我们一同走进中华历史文化，去聆听那些流传至今的名言警句吧。

名言一：侈而惰者贫，而力而俭者富。

这句名言，出自著名的历史人物韩非子。他是战国末期的韩国人，是杰出的思想家、哲学家和散文家，著有《韩非子》一书。

这句名言说的意思是：奢侈和懒惰的人贫穷，而勤劳和节俭的人富有。这就告诉我们，我们不能铺张浪费，做事情也不应该懒惰，不然就会导致困苦和贫寒。只有我们在生活中，坚持勤劳俭朴的品德，那我们的日子就会越过越好，生活就会越来越幸福。

名言二：夫君子之行，静以修身，俭以养德。

同学们，前面我们已经说过，这句名言出自三国时期蜀国的著名政治家、军事家、文学家、发明家诸葛亮，就记录在他留下的文章《诫子书》中。

这句名言的意思是说：一个德才兼备的人，他的品德和行为，是依靠自己内心安静祥和、集中精力来修养身心的，也是依靠自己俭朴的生活作风，来培养和树立自己品德的。同学们，这就告诉我们，我们所说的修身和养德，必须从我们的现实生活中做起，必须保持内心的安静，必须坚持俭朴的生活作风，不然的话，那是无法具有美好德行！

名言三：谁知盘中餐，粒粒皆辛苦。

这是一首唐诗中的后两句，前面两句是：锄禾日当午，汗滴禾下土。这一首诗的作者是唐朝的诗人李绅，诗的题目是《悯农》。在这首诗里，李绅对农民的辛劳和许多人不知道劳作的艰辛，表达了自己的真切感受。

李绅的这一名句，说的意思是：谁知道自己碗中的米饭，一粒一粒都是来自于农民的辛勤劳作和苦涩汗水。

同学们，我们每天吃的饭菜，也离不开许许多多人的辛苦耕耘劳作。我们每一天的幸福生活，也离不开爸爸妈妈及其他长辈的关心爱护，所以我们要懂得感恩，也应该在生活中坚持勤俭美德，不浪费粮食，要俭朴和珍惜幸福。

名言四：历览前贤国与家，成由勤俭破由奢。

同学们，这是一句用得非常广泛的名言。有许多人都把这句话，当成了座右铭，时时在告诫自己。

这句名言，出自唐代的著名诗人李商隐的诗歌作品《咏史两首》中的第二首。李商隐是我国晚唐时期的著名的诗人，他诗歌成就很高，与同时期的诗人杜牧，合称"小李杜"。

李商隐的这句诗，意思就是说：翻看从古到今的历史，大到一个国家，小到一个家庭，都是因为勤劳俭朴而兴旺，都是因为奢侈浪费而衰亡。

同学们，这也说明，勤俭美德是非常重要的。

名言五：一粥一饭，当思来之不易；半丝半缕，恒念物力维艰。

这一句名言，出自清代朱柏庐的《治家格言》。朱柏庐的治家格言，流传甚广，也被人赞誉为"朱子家训"。这句话的意思是：我们吃着的每一碗粥每一碗饭，都应该明白它们是多么来之不易；我们穿着用着的半根丝半根线，都要时常想想得到它们是多么的艰难。

这就告诉我们，无论我们现在的生活条件多么优越，无论我们是否已经衣食无忧，都一定要懂得饮水思源，都不能铺张浪费，都要勤俭节约。我们在生活中，穿衣吃饭是特别平常的事情，我们也要从这一件件的小事情做起，从我们生活中的点点滴滴做起，去养成勤俭的美德。

三、勤俭美德的历史名人故事

中华文化源远流长，有无数历史名人，在用他们的故事展现着中华传统美德。通过他们的一件件事情，我们可以了解到勤俭这一美德，已经延续了数千年，现在仍然在我们生活中随处可见。

同学们，下面就让我们一起聆听着历史名人的故事，去了解中华勤俭美德。

勤俭故事一：汉文帝崇尚节俭

汉文帝是我国西汉时期的一个皇帝，他廉洁爱民，也励精图治，并以美德治理国家，开创了"文景之治"的盛世局面。我们可以通过他的几件小事，了解他勤俭的美德。

根据历史记载，汉文帝生活很俭朴。当时，社会经济已经发展很快，国家已经开始富足起来，可他还是穿着老百姓才穿的草鞋上朝办公。因为草鞋的材料以草和麻为主，非常经济，而且取之不尽，用之不竭。他所穿的龙袍，也只是用很粗糙的丝绸制作的，而且一穿就是很多年，破了就打个补丁再继续穿。

汉文帝住的宫殿，本来打算修一个露台。可他让工匠一算，听说所要花费，相当于当时十户中等人家的财产，虽然大臣和工匠都觉得这点花费不算什么，可汉文帝却又摇头又摆手说："现在国家还不富足，还是把这些钱省下来吧"。汉文帝每一次出行，都不讲究排场，都厉行节俭。他把省下来的钱，用于关心百姓的疾苦上。他刚当皇帝不久，就下令：八十岁以上的老人，由国家负责供养，每月都发给他们米、肉和酒；九十岁以上的老人，国家还给他们发麻布、丝绸和丝棉，给他们做衣服。汉文帝通过厉行节俭，让国家富强起来，也留下了勤俭美德被历史铭记。

勤俭故事二：苏轼房梁挂钱

苏轼是北宋著名的文学家、书法家、画家，他留下了许多耳熟能详的诗词作品，是文学"豪放派"的代表人物，也是古代散文"唐宋八大家"之一。

他从 21 岁考中进士以后，前前后后一共做了 40 多年的官。无论他在哪里当官，也不管当的官是大是小，他都非常注意勤俭，常常精打细算过日子。后来，他被降职贬官到了黄州，每个月领取的俸金一下子就少了许多，日子也过得紧巴巴起来。于是，他在朋友的帮助下，弄了一块地，自己耕种劳作，也解决了自己吃饭的问题。

苏轼为了不乱花一文钱，他还对自己开始了严格的计划开支：先是把所有的钱都计算出来，然后平均分成 12 份，每个月用一份。然后每一份又分成 30 小份，每一天只用一小份钱。将钱全部分好以后，他将钱按份挂在房梁上。每一天清晨，他都取下当天的那一份钱，用于生活开支，并仔细盘算好该买哪些东西，不能买哪些东西。苏轼还要求自己，每一天都不乱花钱，只能剩余，不准超支。他还把积攒下来的钱，都存放在一个竹筒里，用于意外的开支需要。

勤俭故事三：毛泽东主席勤俭一生

毛泽东主席是伟大的革命家、军事家、政治家，也是一名杰出的诗人和书法家。他是中华人民共和国的缔造者之一，也是新中国的开国领袖。

毛主席的生活，非常勤俭，一生都粗茶淡饭，睡硬板床，穿粗布衣。在他生前用过的一百多件日常生活用品中，有一件穿了 20 多年、已补过 73 次的睡衣。身边的工作人员，都多次提醒他换一件新的，可他执意不肯，觉得补一补能穿就好。直到他逝世前夕，他老人家还依旧穿着这件补丁叠着补丁的睡衣。

在国民经济困难时期，毛主席主动要求降低工资，降低生活标准，首先倡导不吃肉，不吃水果，常常是几个烤芋头就是一顿饭。毛主席同甘共苦的伟人风范，为我们坚持勤俭美德做出了表率。

四、勤俭美德的教学互动游戏

同学们，我们学习了中华美德中的勤俭美德，了解了有关的名言警句，也在历史中知道了历史名人的勤俭故事，我们是不是感受到了勤俭美德的重要呢？是不是会在以后的生活学习中，严格要求自己，注意勤劳节俭呢？

下面，我们通过一个教学互动游戏，来亲身体会一下勤俭美德，感受一下生活会因为我们的勤俭而美好。

将全班学生，分成三组，开始废物利用的互动游戏。

游戏的道具为：废旧矿泉水瓶，废旧报纸，废旧丝带等。

先引导学生进行废旧物品的再次利用设想，然后让学生进行自己的制作规划，并按小组进行制作作品的评分。

考核废物制作的物品，是否整体美观？是否结构合理？是否能使用？参考每小组完成的时间，进行综合的考评。

五、勤俭美德的课程作业安排

同学们，时间过得真快，这堂课马上就要结束了。我们在笑声里，去欣赏着我们制作的物品，一定能感到勤俭美德对我们生活的重要。

好，我们要布置作业啦，记得课后一定认真完成哦！

1. 著名诗人李商隐，是我国哪个朝代的人呢？

2. 北宋的文学家苏轼，他是怎样将钱分成一份份的？

3. 毛主席的睡衣，用了多少年？缝补过多少次？

书法作者：翟无忌（朝阳区香河园少年之家教师）

第八堂课◎勇毅美德

　　中华民族在历史发展中，一直是坚强勇敢的民族，一直是坚毅果敢的民族。我们的祖祖辈辈，也教育着自己的子孙后代，一定要坚强勇敢，一定要勇于担当，一定要有社会责任心，也一定要有使命感。

　　当我们走进勇毅美德的知识里，去了解历史文化，就会知道有无数的名言警句，在启迪着我们的智慧；有无数的历史名人，给我们树立了勇毅美德的榜样。

一、勇毅美德的相关文字介绍

我们常说的勇毅，是指勇敢、勇气、勇猛以及毅力、坚毅、刚毅。这是我们内心的一种精神品质。

中华民族是勇敢的民族，也是坚毅的民族。在历史发展中，面对外来的侵略，中华民族都勇敢地进行反抗。面对巨大的挑战，中华儿女都能排除万难，坚定自己的信念，坚毅地追逐梦想，并一步步迎来希望。

勇敢是指不怕危险和困难，比喻一个人有胆量，遇到问题时不退缩。勇敢的含义，也表示不怕危险、果断向前、敢作敢当。勇敢有天生的，也可以由后天锻炼出来。我们说一个人很勇敢，一般都会与机智结合在一起，因为勇敢也需要用智慧，才能把事情做好，所以常说成是"机智勇敢"。一个人面对各种事情，都要学会勇敢，并懂得机智地解决。

坚毅，意思是坚定而有毅力，也是指一个人意志坚定，做起事情来有毅力。它的近义词有坚定、坚决、坚韧、顽强、刚毅等。

每一个人，都会渴望自己勇敢一些，意志坚定一些，毅力强大一些。这也说明，我们每一个人，都希望具有勇毅这一美德。勇毅的美德，可以通过生活环境的熏陶，可以通过家庭和学校教育，可以通过社会经历，来不断培养。

同学们，当我们面临困难时，应该要求自己坚强一些，不要被困难吓到，要告诉自己一定能战胜困难。如果作业不会做，那就再学习一遍，总会熟能生巧。同学们，我们要相信自己，只要我们勇敢一些，坚强一些，再有毅力一些，那面对不同的坎坷时，就能够以微笑去解决它们，并达到我们想要的结果。

为了理想勇敢前进

二、勇毅美德的名言警句解说

我们在学习生活中，会听到这样那样的关于勇敢的名言，也会接触到各种各样的关于意志刚毅的警句。

翻看中华文化典籍，了解民族悠久的历史遗迹，也会看见无数的名言警句，给我们提供着精神与智慧的营养。同学们，我们可以在报纸杂志上，可以在电视网络上，可以在学校课堂里，可以在家庭生活中，听见许多的名言警句。

同学们，下面就让我们一起学习一下，有关勇毅美德的一些名言警句吧！

名言一：仁者之勇，雷霆不移。

这是宋代文学家苏轼在《祭堂兄子正文》的名言。仁者，是指心怀仁义的人，雷霆不移是指雷打不动，比喻意志坚决。这句名言的意思是说：心怀仁义的人非常勇敢，就是雷鸣电闪也不动摇自己的意志。

心中有仁义，就会很勇敢，就不会害怕这害怕那，就会有浩然正气，就会做到"勇者不惧"！

名言二：志士不忘在沟壑，勇士不忘丧其元。

这是春秋时期著名思想家、教育家孟子的名句，被收录在他的著作《孟子》一书中。志士，是指有远大志向和崇高道德的人。不忘，是不怕的意思。沟壑，是指山沟。元，是指脑袋。

这句名言的大意是说：有远大志向和崇高道德的志士，不害怕死在荒山野岭沟渠里。真正的勇士，也不害怕为了正义的事情而丢掉脑袋。意思就是说，志士和勇士，都可以为了志向和道德以及正义，不害怕牺牲，都甘愿去做"舍生而取义"的行为。这一名言，也体现了爱国志士和勇士，为了民族和国家的利益，而大义凛然的牺牲精神。

名言三：粉身碎骨浑不怕，要留清白在人间。

这句名言出自明代诗人、政治家于谦的诗作《石灰吟》，这是第三四句，前面两句诗是：千锤万凿出深山，烈火焚烧若等闲。诗人一直清正廉洁，时常拿石灰自我比喻。

这句名言的意思就是：粉身碎骨，一点都不害怕啊，要把一身的清白，永远留在人间。

于谦咏物言志，表达了自己决心永葆清白情操，即使遇到各种磨难，即使粉身碎骨也在所不惜。通过这一诗句，我们可以看出于谦的勇毅美德，这一名句也被人广为传诵，许多人甚至将这句话作为自己的座右铭。

名言四：锲而舍之，朽木不折；锲而不舍，金石可镂。

这一句名言，出自战国末期著名的儒家代表人物荀子，被记载在他的著作《荀子》一书中。

句子中的锲，是指刻、划的意思。舍是指停止、放弃的意思。金是指金属，石是指石头。镂，是指雕刻。

这句名言的意思是说：拿刀刻画东西，如果半途而废，放弃停止，那即使是腐烂的木头，也是无法刻断的。如果不停地拿刀刻画，只要坚持下去，只要有恒心毅力，那就是金属和石头，也是可以雕刻成功的。

同学们，这就是"滴水穿石"的道理，这就是说，只要我们坚持努力学习，就没有学不会的知识。只要我们有恒心毅力，只要我们有勇毅的美德，就没有做不成的事情。

名言五：咬定青山不放松，立根原在破岩中。千磨万击还坚韧，任尔东西南北风。

这是清代著名书画家郑板桥的诗作《竹石》，他把它题写在了自己画的竹石图中。

郑板桥是清朝乾隆年间的进士，主要居住在扬州，以卖画为生。他的诗歌、书法、绘画被称为"三绝"，尤其擅长画兰花和竹子，是"扬州八怪"之一。

这句名言，说出了竹子在恶劣的环境中，坚忍不拔、品德高洁、不畏惧任何困难的精神气节。这也是咏物明志的诗句，表明我们人也是要在困难中，坚定信念，具有勇毅的美德，这样才会真正具有竹子一样的高尚品格啊！

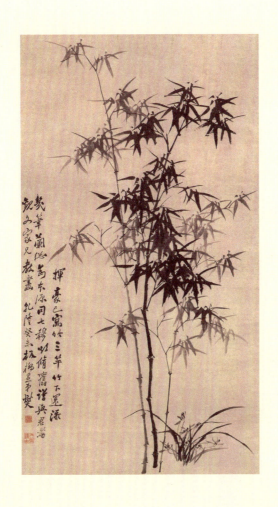

三、勇毅美德的历史名人故事

同学们，我们学习了有关勇毅美德的名言警句，心里也对自己越来越有了自信吧！是啊，我们要坚定自己的理想，要不断地让自己更加勇敢和有毅力。

下面，我们再走进中华历史，去了解一下，在漫长的历史发展过程中，有许多的历史名人，也在用他们留下的故事，向我们表现着勇毅这一美德。

勇毅故事一：班超深夜破匈奴

班超是东汉时期的著名将领，有一天汉明帝召见他，说要派他到新疆，去和当地的鄯善王交朋友。他接受命令以后，便带着一队人马，一路跋涉前行，不怕山高路远，经历各种苦难，终于来到了新疆。

鄯善王听说班超出使西域，便很高兴地出城迎接，还把班超奉为上宾。班超向鄯善王说明了交朋友的来意，鄯善王也很诚恳地表示愿意成为朋友。

可没过几天，匈奴也派使者和鄯善王联络，并向鄯善王说了许多挑拨离间的坏话，让鄯善王顿时黯然神伤，心绪不安。此后，拒绝接见班超并派人监视他。

班超觉得匈奴使者挑拨离间，十分可恨，便立即召集大家商量对策，他认为必须打败匈奴的军队，才能消除鄯善王的担忧，才能两国和好。可班超的人马不多，而匈奴那边却兵强马壮，防守又很严密。班超下定决心，对大家说：不入虎穴，焉得虎子！

于是，班超勇敢地连夜率领队伍，潜入匈奴的营地，兵分两路，将战鼓擂响，并派弓箭手和士兵埋伏在营地两边。他们一边焚烧营帐一边擂鼓，顿时火光冲天，匈奴军队大乱，很快便被班超消灭了。鄯善王见班超这么具有勇毅的美德，便又重新与班超和好如初。

勇毅故事二：女英雄荀灌孤胆突围

荀灌是东晋时期赫赫有名的平南将军荀嵩的女儿，她在很小的时候便显示出了过人的才能。她自幼跟随父亲习武，练就了一身高超的武功。

在她13岁那年，有几万敌兵围困了她父亲驻守的宛城，当时宛城的守军只有千人，情况非常危急。她父亲也非常着急，唯一的办法，就是赶紧派一个智勇双全的人突围，去附近的襄阳请求救兵。

当荀嵩把决定告诉大家以后，却没有一个人敢去担当突围任务。城外的敌兵已经近了，就在这个时候，有一个声音响起："父亲，我去！"荀嵩一看是荀灌，便拒绝说："不行！你一个女孩子，怎能抵挡敌兵追杀！"可荀灌昂着头说她自幼习武，早就盼着能为国为民效力，如果能突围成功搬来救兵，也就能够挽救全城人的性命。

其他将领一看荀灌这么勇敢，便都主动请缨要求参与突围。后来她父亲便派她带领20名身强力壮、武艺高强的勇士，组成了一支突围队伍，借着夜色朝襄阳方向突围而去。来到襄阳城以后，襄阳太守看见荀灌这么勇敢，非常感动并派兵去解救宛城。援军一到，敌兵很快就被击退了，宛城的百姓也免除了苦难。

荀灌讨救兵

勇毅故事三：少年孙坚智退盗贼

东汉末年，朝廷腐败，民不聊生，天下大乱。江南出了一位叫孙坚的英雄，他从小就机智勇敢，练得一身好武艺。在他少年时，有一次跟随他父亲乘船去钱塘，在钱塘江口，突然遇到了一伙海盗，他们气势汹汹地跳上船，将乘客的财物洗劫一空，并在岸上分赃。船上的商人都吓得浑身发抖，躲在船舱里不敢露面。见此情形，孙坚再也忍不住了，他说："这伙海盗太可恶了，一定要好好收拾他们。"他父亲说他还是孩子，哪是海盗的对手，孙坚回答他父亲说他自有妙计。

孙坚提起一把大刀上了岸，站在一座高高的礁石上，挥动着手臂，做出一副指挥人马、部署兵力的样子。海盗们远远望见他神气活现的身影，以为是官兵大队人马已经追捕过来，吓得慌忙丢下财物四处逃窜。从此，少年孙坚的勇敢事迹很快就传开了！

四、勇毅美德的教学互动游戏

同学们，我们学习了历史人物的勇毅故事，心里有什么感想呢？我们常说"自古英雄出少年"，同学们，我们也可以像这些英雄人物一样，培养好勇毅的美德呢！

下面，就让我们一起来做一次，关于勇毅美德的游戏吧——挑战自己。

活动将班级学生分成三组，每一组选出队长。

然后按照分组进行游戏，游戏可以选择一分钟跳绳、仰卧起坐、背诵诗句等。

看哪一组的学生，在规定的时间里，能够完成更多的跳绳次数、更多的仰卧起坐的次数、背诵更多的诗句。并结合活动的纪律，进行综合考评。

五、勇毅美德的课程作业安排

同学们，又到了下课时间，这一堂勇毅美德课，相信大家都有了许多收获，希望大家再接再厉，继续挑战自己。

同学们，千万别忘记了完成下面布置的作业哦！

1. 出使西域的班超，是哪个朝代的历史人物？

2. 荀灌是在多大的时候，突围去襄阳搬来救兵的呢？

3. 清代画家郑板桥，他最擅长画的是哪两种植物？

书法作者：徐涛（朝阳区香河园少年之家教师）

第九堂课◎诚信美德

　　诚信，是指诚实和守信。也就是说一个人，做人要诚实、踏实，做事情要讲信用、信誉，这样才会被人信任。

　　一个人心中有诚意，这样才能内心坦荡，才能更好地立身处世。"诚"也是儒家为人之道的中心思想之一，也是社会都在提倡的为人准则。而"信"则要求我们诚实可靠，信守承诺，言行一致。

一、诚信美德的相关文字介绍

诚信，是指诚实和守信。也就是说一个人，做人要诚实、踏实，做事情要讲信用、信誉，这样才会被人信任。

在社会生活中，我们可以看见许多相关的宣传标语，都在告诫我们一定要做一个诚信的人。

诚信，也是社会主义核心价值观之一，也是我们每一个人应该具有的美德。可以说，诚信是我们的第二张"身份证"，无论走到哪里，不管做任何事情，都能看出诚信的重要。

从整个社会来说，如果每个人都讲诚信，那是多么美好的世界啊。如果每一个人心中，都有诚信的美德，那人与人之间的交往，那该有多么和谐幸福啊。

一个人心中有诚意，这样才能内心坦荡，才能更好地立身处世。"诚"也是儒家为人之道的中心思想之一，也是社会都在提倡的为人准则。而"信"则要求我们诚实可靠，信守承诺，言行一致。

同学们，无论是在家里面对爸爸妈妈、爷爷奶奶、姥姥姥爷，还是在学校里面对老师、同学、朋友，我们都要懂得诚信美德的意义，都要在家做一个诚信的孩子，在学校做一个诚信的学生，以后走上社会也要做一个诚信的人。

下面，我们一起来了解一下，在中华传统文化中的一些关于诚信美德的名言警句。

二、诚信美德的名言警句解说

同学们，当我们走进历史，去了解悠久灿烂的中华文化，就会发现，我们的一言一行，都与祖先留下的文化宝藏有关。原来，在我们的生活中，蕴藏着无穷无尽的知识，我们在学习过程中，也在不断汲取着智慧。

当我们培养我们的诚信美德时，也能感受到名言警句对我们的影响，就可以借鉴着中华美德的名言警句，对照自己进行学习，并不断提高自己。

名言一：信言不美，美言不信。

这一句名言，出自春秋时期伟大的思想家老子，在他留下的著作《道德经》里有记载。

老子的这句话，意思是这样的：诚信的话语，并不是华美的。华美的话语，是不实在的。

这也在告诉我们一个道理：诚信的言语，必然质朴无华，而那些华而不实的话语，是不值得信任的。因此，在我们的学习生活中，一定要诚实地说话，要想取得别人的信任，自己的一言一行，就应该要表达内心的诚信美德。

名言二：民无信不立。

生活在春秋时期鲁国的孔子，是我国古代伟大的思想家、教育家，他非常注重美德的修养。这一句名言，就记载在他留下的《论语》里。

这句话的意思是：如果一个国家，得不到老百姓的信任就会垮掉。如果一个人，没有诚信美德，那他也就无法在社会生活中有立足之地。

同学们，这就足以看出，两千多年前春秋时期的孔子，是多么重视诚信这一美德。这也在告诉我们，在学习和生活中，必须以诚待人，必须以信交友，不然的话，我们就没有办法交到良师益友，也不可能受到别人的信任和尊重！

名言三：诚者，天之道也。诚之者，人之道也。

孟子是战国时期著名的思想家，也是儒家文化的继承者，他与孔子被后人并称为"孔孟"，也是儒家文化的代表人物之一。

这句名言，就出自孟子，在他的著作《孟子》中有记载。这句话的意思是：诚信，是天地的大道；追求诚信，是我们做人的根本准则。

孟子将诚信这一美德，升华到了天地的规律，又直接通过我们做人的根本道理，来说明了诚信这一美德的重要。

名言四：精诚所至，金石为开。

这句名言出自东汉著名哲学家王充，在他的著作《论衡》中有记载。

这句话的意思是说：如果一个人诚心到了极致，就能感天动地，就能使金属和石头都裂开。也可以比喻一个人，只要专心诚意地去做事情，那就任何疑难问题都能解决。

名言五：以诚感人者，人亦以诚而应。

程颐是北宋著名的理学家和教育家，这句名言就出自于他。意思就是说：一个以诚信感动别人的人，别人知道他的诚意以后，也会以诚信与他回应。

前面的课程中，我们曾经说过"爱出者爱返，福往者福来"，这句话的意思也是这样，就是"诚信者诚信返"的道理啊！同学们，我们要知道，诚信才能获得别人的信任，"狼来了"的故事，早已告诉我们，如果一个人不讲诚信，那就会遭受许多不好的结果，甚至连生命都会丢掉。

三、诚信美德的历史名人故事

中华民族是奉行诚信美德的民族，从古至今涌现出了许多的历史名人。他们通过自己的一言一行，都展现了诚信的美德，也让我们现在依旧能感到榜样的力量。

下面，我们通过几则诚信美德的故事，来了解古代的名人是如何体现诚信美德的。

诚信故事一：商鞅徒木立信

商鞅是战国时期的政治家、改革家和思想家，是法家思想的代表人物。他在秦国国君秦孝公的支持下，主持变法改革。当时社会人心惶惶，战争不断。为了推进改革，也为了取信于民，商鞅想到了一个方法。

他下令在都城的南门外，立了一根三丈长的木头，并向在场的所有人当场许诺，说是谁能把这根木头搬到都城北门，那就赏金十两。围观的人一听，都觉得这是不可能的事情，因为搬一根木头太容易了。做这么轻而易举的事情，却能得到如此高的赏赐，没有人相信。商鞅看见没有响应，便果断地将赏金提高到了五十两金。

果然，重赏之下必有勇夫，有一个人觉得试一试也好，便将木头扛到了都城北门，商鞅立即奖赏了他五十两金。商鞅的这一诚信举动，马上就在秦国引起了巨大轰动，也在老百姓心中树立起了威信。商鞅通过"徒木立信"这件事，也为他的变法改革铺平了道路。商鞅变法以后，秦国很快就强盛起来，并最终统一了中国。

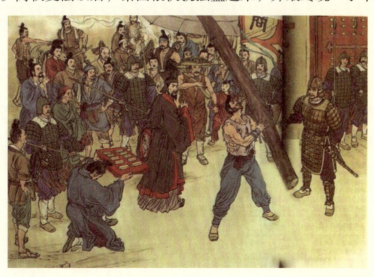

诚信故事二：季布一诺千金

秦朝末年，有一个叫季布的人，为人做事非常重义气，也很注重诚信美德，向来是说话算数，信誉度非常高。许多的人，都与他是好朋友，与他建立了深厚的友谊。当时社会甚至流传着一句谚语："得黄金百斤，不如得季布一诺"，这就是成语"千金一诺"的典故。

后来，他得罪了汉高祖刘邦，被悬赏捉拿。因为许多人，都知道季布这个人很仗义，也很尊敬他的诚信的美德，所以当这种困境发生时，就有他以前的朋友，不仅仅没有被悬赏的重金诱惑，反而冒着杀头灭族的危险来保护他，使他得以免遭灾难。

同学们，季布"一诺千金"的故事，告诉我们一个道理：一个人只要具有诚信美德，就必然会得到别人的尊重，在遇到危险的时候，也一定会得到别人的帮助。

诚信故事三：宋濂诚信苦学

明朝初年的文学家宋濂，从小就喜欢读书，可家里很穷，也没有钱买书，只能向别人借书看。每一次借书，他都会和别人约定好期限，他也一直这样按照约定，按时还书，从不违约，所以大家都乐意把书借给他。

有一次，他借到一本书，越读越喜欢，便决定将书抄写下来。可还书的期限马上就要到了，他只好连夜抄书。天气正是隆冬腊月，滴水成冰，手指都有时冻得没有办法伸张。他的母亲心疼他，就劝他天气冷，早些睡，等天亮了再抄书。可他回答说，约定的期限，就要讲诚信，自己不能言行不一，如果不讲信用，又怎么能够被人尊敬呢？

还有一次，宋濂约好了日期去向一位著名学者请教，谁知在出发那天却天降鹅毛大雪。当他挑起行李准备上路时，他的母亲惊讶地问他说："这样的下雪天，你还要出门啊？何况老师那里，也大雪封山了，你穿着一件旧棉袄，怎样抵挡深山的严寒呢？"宋濂回答说："与老师约定的日子，就不能失约啊，失约也是对老师不尊重。风雪再大，我也要上路的，因为一个人不能失信。"宋濂注重诚信美德的故事，流传至今，也让人赞叹。

四、诚信美德的教学互动游戏

同学们，刚才我们学习了历史名人的诚信美德故事，是不是感受到了诚信的重要啊？

其实诚信美德在我们的学习中，也是要遵循的。比如同学之间，要相互信任、内心真诚地相处，对待老师的教育，也要诚信认真地学习，做到"知之为知之，不知为不知"。回到家里，我们也要诚实守信地与家长一起生活。

下面是我们做互动游戏的时间，今天我们做一个诚信美德的游戏——传递心里话。

将班级学生分成三组，男学生和女学生搭配均匀。然后按照顺序，从第一人开始传递一句心里话，只能下一个听见，看最后一个同学接收到的话，是否是第一个同学说的话。

可根据各组遵守纪律等的情况，对游戏进行综合考评。

五、诚信美德的课程作业安排

同学们，时间过得真快，马上又要下课了。这一堂课我们学习了中华美德中的诚信，也了解了相关的知识，聆听了历史名人的故事，相信同学们都有了巨大收获。

下面，布置一下这堂课的作业，一定要记得完成哦！

1.商鞅徒木立信，搬木头的人得到了多少赏金呢？

2.一诺千金的季布，他得罪的是哪一个皇帝？

3.注重诚信美德的宋濂，他是哪一个朝代的文学家？

书法作者：阎乐（朝阳区香河园少年之家学生）

第十堂课◎谦和美德

在中华民族的历史发展中，谦和美德的学习培育，伴随着圣贤的教育，伴随着君子的修身养性，一直延续到了今天。我们现在依然会以谦虚为美，以虚怀若谷为美，以平和中正为美，以和睦和谐为美。

只要我们徜徉在浩瀚的中华文化里，去体会谦和美德的存在，就能身心感受到有关名言警句的熏陶，就能感受到许许多多历史名人的美德故事。

一、谦和美德的相关文字介绍

同学们，你们都听过"谦虚使人进步，骄傲使人落后"的话吧？我们所说的谦和美德，不仅仅包含着谦虚、谦逊、谦恭、谦卑、谦让，还体现着和气、和善、和睦、平和、温和、和蔼等内容呢！

谦和是中华民族的优秀美德，同样也是每一个人的内在性格体现，也可以表现为我们的一种生活的态度。

人与人之间，如果懂得相互谦让、彼此和气，如果每个人都能够给予别人多一分关爱，多一些理解，这是多么美好的事情啊。同学们，如果我们有了谦和这一美德，就会自觉地尊敬老师和长辈，就会感恩他们对自己无私的付出。如果我们懂得了谦和，我们就能在学习生活中，相互营造良好的环境，就会珍惜同学之间的友谊，就会真诚地学习别人的长处优点，就会不断反思自己的不足，并要求自己努力进步。

同学们，如果我们没有谦和美德，那就会自己感觉自己很了不起，就会为人处事都以自我为中心，就会变得很随意，对一切都会毫不在乎、我行我素。这样的话，那我们就无法学到该学的知识，也难以真正成为栋梁之材啊！

培养谦和美德，需要从我们身边的一件件事情开始，需要从我们的一言一行中做起。点点滴滴，才是真正的考验。同学们，当我们严格要求自己时，当我们按照谦和美德去跟老师家长学习、去和同学朋友相处时，就会感受到内心的真善美蕴藏的强大力量。

许许多多的名言警句，也在告诉我们谦和这一美德，是如何的重要。无数的历史名人，也会通过各种故事，来教导我们怎样去成为一个具有谦和美德的人。

二、谦和美德的名言警句解说

翻读博大精深的中华文化，在书香里感受着中华美德，谦和就在心里。同学们，下面我们将学习一些关于谦和美德的名言警句，去感受源远流长的中华文化。

名言一：三人行，必有吾师焉；择其善者而从之，其不善者而改之。

这是一句家喻户晓的名言，它出自春秋时期伟大的思想家、教育家孔子，并记载在他的《论语》一书中。

这句话的意思是：三个人相处在一起，别人的言行举止，必然有值得我们去学习的地方。我们选择别人的优点和长处去学习，如果看见了别人的缺点，也要去反思自己是否也有这样的缺点，如果有这样的缺点，就要马上予以改正。

同学们，这就告诉我们一个道理，每一个人都必须要虚心学习，相互取长补短，才能真正取得进步。

名言二：满招损，谦受益。

这一名言，出自我国古代的文化经典著作《尚书》，说的意思是：自满自大的人，必然会遭受损害；而谦虚礼让的人，却会得到许多益处。

这两句上古传下来的训诫，虽然就短短的六个字，却言简意赅，对比鲜明。这句名言也在告诉我们，做人做事都要有谦和美德，来不得半点虚假。如今，这句话，也已经成了许多人的座右铭。

名言三：山不厌高，海不厌深。

这句名言，出自著名的三国人物曹操所写的诗歌《短歌行》。意思就是说：山永远不会满足自己的高度，海也永远不会满足自己的深度，比喻品行越高尚越好。

在学习生活中，我们也一样要做到：学习不能停止不前，不能骄傲自满，因为山再高都不嫌高，水再深都不会讨厌自己的深度。我们也要知道"学无止境"的道理。

名言四：自满者，人损之；自谦者，人益之。

这一句名言，出自唐代著名政治家、思想家、文学家、史学家魏征，编著有《群书治要》等著作。意思就是说：骄傲自满的人，别人就会贬低他、诋毁他；谦虚的人，别人就会称赞他。

魏征是历史上非常著名的谏臣，他时常给唐太宗李世民提建议，由此形成了历史上著名的"贞观之治"。他去世后，唐太宗很伤心，时常对大臣说他从此缺少了一面知道自己得失的镜子。

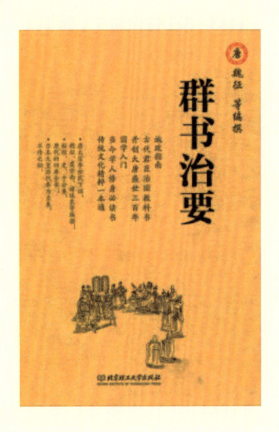

名言五：盛满易为灾，谦冲恒受福。

这句名言，出自清朝大臣张廷玉。意思是说：盛气凌人、骄傲自满的人，很容易遭受各种灾祸；而谦虚平和的人，却往往会长久地受到福报。

同学们，在这句话中，我们可以知道，骄傲自满会带来害处，谦和美德能带来益处。对比之下，我们就应该明白培养谦和美德的重要了。

三、谦和美德的历史名人故事

回顾五千多年的中华文明，纵观民族发展的历史，我们可以看见有无数的品德高尚的人物，被各类典籍记载，被后人不断传诵。

谦和美德作为中华民族的传统美德，与我们的社会生活息息相关，也与我们的学习密不可分。

同学们，榜样的力量是强大的。下面就让我们走进历史，去聆听名人的故事，去感受名人的谦和美德。

谦和故事一：神医扁鹊自认医术最差

春秋战国时期的名医扁鹊，他家兄弟三人，都以从医为生。由于他医术高超，被世人赞誉为"神医"。他奠定了中医学的切脉诊断方法，开启了中医学的先河。

有一天，魏文王问扁鹊，说你们家兄弟三人，都精通医术，那到底是哪一位医术最好呢？扁鹊便回答魏文王，说论起医术来，那是他大哥最好，二哥其次，他自己最差。魏文王不理解，就再次问扁鹊，说既然你自己感觉最差，可为什么你最出名呢？

扁鹊便回答魏文王，说他大哥治病，是治于病情发作之前，由于一般人都不知道，就已经事先把病治好了，所以他的名气就无法传出去。而他二哥治病是治于病情刚刚开始发作，一般人以为他只能治疗一些轻微的小病，因此只在他们村里小有名气。而他自己治病，却是治疗在病情严重的时候，一般人看见他能进行一些大手术，便以为他的医术很高明，也因此名气传遍了四面八方。

魏文王为扁鹊的谦和美德，也发出了由衷赞叹。

谦和故事二：清代戴震谦让尊师

　　清朝雍正年间，学者江水被推荐到朝廷做官。在皇帝召见时，他有些紧张，声音也哆嗦，不能对答皇帝的问话，于是就推荐了他的学生戴震。

　　面对皇帝的问话，戴震一点都不惧怕，而是口若悬河、滔滔不绝地回答起来，分析问题也切中要害，把事情也说得清清楚楚。皇帝龙颜大悦，便问戴震说："你和老师相比，谁的才能更高呢？"戴震谦虚地回答道："我的水平低"。皇帝又问他："那水平高的，反而不能回答，这是为什么呢"？戴震回答说："老师年岁已高，耳朵有些听不见，可他的学问，要超过我一万倍"。皇帝听戴震这么说，也非常赞赏他谦让的精神，便赐他为翰林以示褒奖。

谦和故事三：梅兰芳拜师学艺

　　梅兰芳是我国京剧表演艺术大师，留下了许多著名京剧演出剧目。梅兰芳不仅在京剧艺术上有很深造诣，在书画方面还是一位丹青妙手。他曾拜杰出画家齐白石老人为师，虚心请教，每一次都是执弟子的礼节，并经常为白石老人磨墨铺纸，从来没有因为自己是著名京剧艺术家而自傲自满。

　　见贤思齐，梅兰芳也拜普通人为师。有一次他在演出京剧《杀惜》时，在众多的喝彩叫好声中，却听见有一个老年观众说"不好"。演出结束后，梅兰芳来不及卸装更衣，便用专车把这位老人请到自己家里。他恭恭敬敬地对老人说："说我不好的人，是我的老师。先生今天说我不好，必有高见，定请赐教，学生决心亡羊补牢"。老人看见梅兰芳这么诚恳，也就不客气地指出了问题："阎惜姣上楼和下楼的台步，按梨园规矩，应该上七下八，博士为何要八上八下呢"？梅兰芳一听恍然大悟，连声称谢。

从此以后，梅兰芳经常请这位老先生观看他演戏，并请他时常指正，也称呼他为"老师"。

四、谦和美德的教学互动游戏

同学们，学习了历史名人的谦和美德故事，我们又将开始这一堂课的互动游戏啦。这次游戏的主题，就是让学生之间，相互模拟拜师求教问题。

将班级学生分为两个人一组，然后让他们分别以学生和老师的身份轮换，进行模拟拜访求教的询问与解答。

哪组学生纪律好，态度真诚，问题回答得好就获胜。

五、谦和美德的课程作业安排

同学们，这一堂课，我们学习了谦和美德，也希望大家在生活和学习中，都能培养好这一美德，也祝福大家谦虚进步，成为德才兼备、传承中华美德的好学生。

马上下课啦，同学们，别忘了完成布置的作业哦！

1. 神医扁鹊认为他们兄弟三人中，谁的医术最高？

2. 梅兰芳在表演哪一场戏时，被老人说不好？

3. 被誉为"镜子"的魏征，是哪个朝代的政治家？

谦和好礼

书法作者：那淑琴（朝阳区香河园少年之家教师）

后 记

　　《中华美德十堂课》教材的编写，依照课堂教学的特点，立足于中华悠久灿烂的传统文化，扎根在历经数千年、一直流传至今的中华美德，从诸多资料文献中，学习并提炼国学精华，祈愿着能够为学生的学习，提供合适的知识。

　　本书对丰富的中华美德，根据学生课堂教学需要，进行了相应选择和整理，并分为爱国、孝悌、友善、明志、好学、尚礼、勤俭、勇毅、诚信、谦和十类。在编写中，我们将每一类中华美德设置成一堂课，并进行针对性知识介绍。为增加教学趣味性和互动性，在课程中，还设置了美德故事的学习，增加了美德游戏的环节，并课后留有作业，让学生能进一步复习所学的知识，并不忘记中华美德的自身培养。

　　《中华美德十堂课》教材编写，得到了各级领导给予的关怀与鼓励，得到了北京堂之堂文化艺术发展中心谭绍堂主任、国学老师王欢妮的指导，也得到香河园少年之家全体员工的鼎力配合，编写组全体成员谨献上诚挚谢意。

　　期望本教材，能为学生的中华美德教育，起到抛砖引玉的作用。诸多不足之处，还请大家指正。

北京市朝阳区香河园少年之家

《中华美德十堂课》教材编写组

附 录

香河园少年之家简介

北京市朝阳区香河园少年之家成立于 1990 年，为朝阳区教委所属校外教育机构。2008 年 9 月，少年之家增加教辅职能，为辖区内的师生提供思想品德、科学技术、文化艺术、体育卫生、劳动技术等兴趣、爱好和特长培养的服务。少年之家逐渐成为地区活动中心、交流中心、教研中心、培训中心、校内教学辅助和校外特长培训为一体的校外机构。

少年之家占地面积 4272 平方米、建筑面积 3433 平方米，专用教室 17 个、普通教室 3 个。编制 10 人，外聘专业教师 30 余人，有一支专业水平高的教师队伍。少年之家围绕"科技引领，多元发展"的办学宗旨，开设教辅活动课程和专业培训课程，涵盖众多门类。教辅社团活动中为七所小学分别建立了书法、舞蹈等 19 个社团，目前基本形成了教辅活动课、教辅社团辅导、送戏下校及教辅主题活动等多种教辅活动形式。少年之家开设的活动课程和专业培训有器乐类、声乐类、书画类、科技类、体育类、舞蹈类、文化类等众多门类，使学生多元全面发展。2012 年 4 月，成立"朝阳区市民终身教育服务中心"，为周边八个街道的社区服务。根据街道社区的需求，设定学习内容，开展了讲座类、活动比赛类、社团辅导类和社会实践类的教育活动。

少年之家在办学中凸显科技教育，建立无土栽培温室，使无土栽培成为创新项目之一，为青少年提供综合实践基地，每学期为所服务的社区和街道开展种植培训活动；为所服务的学校开展快乐种植教辅活动。少年之家本着服务学生，幸福快乐成长的理念，在教辅活动中开设了心理游戏这一创新项目。以积极心理学为理论基础，培养学生在体育、艺术、科技等方面的兴趣和素养，进一步推进素质教育的全面实施。"我是小小舞蹈家"舞蹈社团为少年之家的特色品牌项目，每年开展舞蹈特色系列教育教学活动。为学生搭建各种展示平台，积极主办、承办各种比赛活动。"童缘书画社"作为少年之家特色项目之一，一直在书画方面有着突出的成绩，开设国画、儿童画、水粉画、水彩画、陶艺、创意绘画、手工制作等多个项目。不仅积极参加市区级各项书画比赛，而且每次成绩都名列前茅，每年的书画展位为学生提供了更广阔的书画平台。

多年来，少年之家始终致力于为朝阳区广大青少年参与社会实践搭建平台、提升青少年综合素养的校外教育事业，并得到了社会各界的广泛赞誉，先后被评为北京市校外教育先进集体、北京阳光少年活动优秀组织奖、各级各类书画、舞蹈、科技等方面的最佳组织奖及优秀组织奖等称号。

香河园少年之家系列活动

一、少年之家"孝长敬茶献茶"公益活动

图片一

图片二

二、少年之家弘扬中华传统文化对外交流活动

图片一

图片二

图片三

图片四

图片五

图片六

三、少年之家教师培训活动

图片一：青花瓷韵 共习共赏

图片二：青花瓷韵 共习共赏

图片三：拓展训练

图片四：拓展训练

图片五：教师"微幸福"心理培训

图片六："阳光心语"拓展训练

图片七："阳光心语"拓展训练

图片八："以书为友"书法培训

图片九：专业提升培训

四、少年之家历届"快乐亲子团"活动

图片一   图片二

图片三   图片四

图片五

图片六

五、少年之家开展社区服务活动

图片一

图片二

图片三

图片四

图片五

图片六

图片七

图片八

图片九

六、少年之家历届"丹墨飘香绘童心"书画展

图片一

图片二

图片三

图片四

图片五

图片六

图片七

图片八

七、少年之家微电影拍摄活动

图片一

图片二

图片三

图片四

八、少年之家为基层学校提供丰富多彩的课外辅助活动

图片一：古筝

图片二：国际跳棋

图片三：国学

图片四：机器人

图片五：书法

图片六：陶艺

图片七：心理游戏

图片八：篆刻

图片九：跆拳道

九、少年之家"播种幸福"母亲节无土栽培感恩种植活动

图片一

图片二

图片三

图片四　　　　　　　　　　　图片五

十、少年之家"小小五颗子，同系父母心"五子连珠公益活动

图片一　　　　　　　　　　　图片二

十一、少年之家舞蹈社团历届演出比赛活动

图片一

图片二

图片三

图片四

图片五

图片六

十二、少年之家历届小干部拓展培训活动

图片一

图片二

图片三

图片四

十三、少年之家游戏心理活动（研讨会）

图片一

图片二

图片三

图片四

十四、少年之家举办区中小学英语剧系列创意大赛活动

图片一

图片二

图片三

图片四